‎70+ המתכונים

הטובים ביותר

לבריאות

ולירידה במשקל

בשיטת דיאטת הגרילה

לאורח חיים בריא

מאת ד"ר גלית גולדפרב

תוכן העניינים

ארוחות בוקר

יסודות

קינוחים

לחם

ארוחת צהריים
וארוחת ערב

רעיונות לתיבול בריא למאכלים שונים

תבלינים מוכרים הם דרך מצוינת להתרגל למאכלים חדשים וללמוד לאהוב אותם.
להלן רשימת המלצות לתיבול בריא בהתאם למזונות שאתם מכינים:

סלטים

* חרדל יבש, בצל, אורגנו, בזיליקום, שום, טימין
* טרגון, מלוח, חרדל יבש, פלפל לבן, פלפל אדום, אורגנו

מרקים

* ניתן לתבל מרק ירקות בתיבול איטלקי, פפריקה, קימל, רוזמרין, טימין, שומר
* ניתן לתבל מרק בצל בקארי, קימל, מיורן, שום, ציפורן
* ניתן לתבל מרק עגבניות בעלי דפנה, טימין, תיבול איטלקי, אורגנו, בצל, אגוז מוסקט
* ניתן לתבל מרק פטריות בג'ינג'ר, אורגנו, טימין, טרגון, עלה דפנה, פלפל שחור, אבקת צ'ילי

יְרָקוֹת

ישנן מספר גרסאות של תבלינים לירקות. בחר אחד מאלה:

- ג'ינג'ר, שומשום, בזיליקום, בצל
- תיבול איטלקי, מיורן, בזיליקום, אגוז מוסקט, בצל, שומשום
- זרעי קימל, בצל, אגוז מוסקט, פלפל אנגלי, ציפורן
- ג'ינג'ר, אגוז מוסקט, בצל, שמיר ניתן לתבל כרובית בחרדל יבש, בזיליקום, פפריקה, בצל
- כמון, פפריקה, אבקת עגבניות או צ'ילי, קארי, חרדל יבש, בצל
- אורגנו, אבקת צ'ילי, שמיר, בצל
- קורטוב של לימון, טימין, אגוז מוסקט, שום, בצל

קטניות ודגנים

ניתן לתבל שעועית ועדשים ב:

- פלפל אדום, בצל, שום, אגוז מוסקט, אבקת קארי
- חרדל יבש, אבקת צ'ילי, ציפורן, בצל, ג'ינג'ר או שום, בצל וכוסברה
- שום, טימין, בזיליקום, אורגנו, בצל, פלפל שחור, חרדל יבש
- שום, חרדל יבש, ציפורן, פלפל אנגלי, בזיליקום, אורגנו

ניתן לתבל עם אורז ודגנים ב:

- קארי, טימין, בצל, פפריקה, רוזמרין, שום, ג'ינג'ר,

- כמון, אורגנו, בזיליקום, תיבול איטלקי, או שמיר, טימין, מלוח, פלפל שחור
- אפשר לתבל עם פסטה
- תיבול איטלקי, אגוז מוסקט, אורגנו, פלפל שחור, שום, בזיליקום, פלפל אדום, טרגון
- פלפל שחור, שום, טרגון, שקדים או קשיו או ממרח אגוזי מקדמיה

רטבים

- ניתן להכין רוטב ברביקיו מעלי דפנה, טימין, פלפל אדום, קינמון, ג'ינג'ר, פלפל אנגלי, חרדל יבש, ואבקת צ'ילי
- ניתן להפוך מזון יבש לטעים יותר עם חרדל יבש, ג'ינג'ר, שום, מיורן, טימין, עלה דפנה
- ניתן להכין רוטב חום עם שרוויל, בצל, עלה דפנה, טימין, אגוז מוסקט, טרגון
- ניתן להכין רוטב שמנת עם פלפל לבן, חרדל יבש, אבקת קארי, שמיר, בצל, פפריקה, טרגון ותימין, תוך שימוש בחמאות אגוזים בתור השמנת.

1. מרק עדשים

נהדר כמתאבן חורפי שישאיר אתכם שבעים במשך שעות

מנות: 4
זמן הכנה: 15 דקות
זמן בישול: 1 שעה 40 דקות

מרכיבים

2 כוסות עדשים חומות
1 כוס גזר חתוך
1/2 כוס תפוחי אדמה חתוכים
12 כוסות מים
1/2 כפית מלח ההימלאיה
1/2 כפית כמון טחון
1/4 כפית פלפל אנגלי
1 בצל בינוני, קצוץ דק
1 כפית שמן קוקוס
1/4 כוס פטרוזיליה טריה קצוצה דק

הוראות:

1. שוטפים את העדשים, מקלפים וחותכים תפוחי אדמה והגזרים.
2. מניחים בסיר עם מים. מביאים לרתיחה. מכסים ומבשלים על אש נמוכה לכ-1.5 שעות.
3. מבשלים על אש נמוכה תוך הוספת כל התבלינים, כמון ומלח.
4. מטגנים את הבצל הקצוץ עד שהוא הופך רך או משתמשים בבצל חי.
5. מוסיפים את הבצל לתערובת העדשים. מביאים לרתיחה במשך 10 דקות. מוסיפים פטרוזיליה קצוצה.

6. אם רוצים: מעבירים את המרק במעבד מזון או בלנדר תוך הוספת 1 כוס מים. מערבבים היטב. שמים את התערובת בחזרה בסיר.
7. מגישים את המרק עם פרוסת לימון ואורז בסמטי או לחם מחיטה מלאה.
8. לבריאות!

2. מרק גזר וסלרי

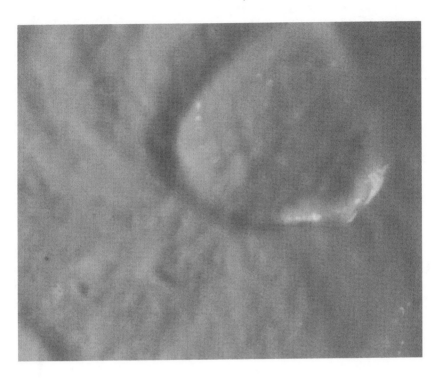

נהדר עבור העור והראייה

מנות: 6
זמן הכנה: 15 דקות
זמן בישול: 1 שעה 10 דקות

מרכיבים

6 גזרים

4 שורשי פטרוזיליה קטנים

1 סלרי

2 כרישות

1 בצל קטן

12 כוסות מים

3 שיני שום

2 מקלות סלרי

2 כפות שמן קוקוס

קורטוב פלפל

1 כפית מלח ההימלאיה

1 כף שומשום שחור

1/4 כוס נבטי ברוקולי

הוראות:

1. שוטפים את הגזרים, שורש הפטרוזיליה והסלרי וחותכים לקוביות.

2. חותכים את הכרישה והבצל לעיגולים ומטגנים בשמן קוקוס.

3. מוסיפים גזרים, שורש פטרוזיליה וסלרי. מוסיפים תבלינים.

4. מניחים בסיר עם מים. מביאים לרתיחה. מכסים ומבשלים על אש נמוכה במשך כשעה אחת.

5. אם רוצים: מעבירים את המרק למעבד מזון או בלנדר ומוסיפים 1 כוס מים. מערבבים היטב.
6. מגישים את המרק לצלחות אישיות ומפזרים שומשום שחור מעל.
7. מגישים את מרק עם אורז חום מחיטה מלאה עם עדשים.
8. לבריאות!

3. טופו, פטריות וירקות מוקפצים

מנה עשירה בוויטמינים ומינרלים שמעניקה חיזוק
למערכת החיסונית עם כמויות שומן וקלוריות
נמוכות!

מנות: 4
זמן הכנה: 20 דקות
זמן בישול: 10 דקות

מרכיבים

1 חבילת טופו
2 כפות שמן קוקוס
1/2 כוס אצות
1/2 1 בצל
1/2 קילוגרם (18 גר') שעועית ירוקה טרייה
4 פטריות שיטאקי
2 פטריות יער
1 פטריית פורטובלו
1 כפית ג'ינג'ר קצוץ
1 כפית קארי
1/2 כפית מלח ההימלאיה
1/4 כוס שומשום שחור
2 שיני שום
2 כפות רוטב סויה

הוראות:

1. משרים אצות במים במשך 15 דקות.
2. חותכים את הטופו לקוביות, מערבבים ומטגנים בווק עם שמן קוקוס וקארי עד שמשתנה הצבע. מניחים בצד.
3. פורסים בצל וקוצצים את השום, מערבבים ומטגנים בשמן שנותר בווק.
4. מורידים את קצות השעועית וחותכים לחצי. מוסיפים לבצל ולשום בווק לטיגון וערבוב מהיר.

5. חותכים פטריות ל-4 חלקים. מוסיפים לווק, מערבבים
   ומטגנים במשך שלוש דקות נוספות.
6. מוסיפים לווק טופו ואצות.
7. מפזרים שומשום.
8. מגישים את המרק עם אורז חום עגול מחיטה מלאה.
9. לבריאות!

4. עגבניות ממולאות באורז חום ועדשים

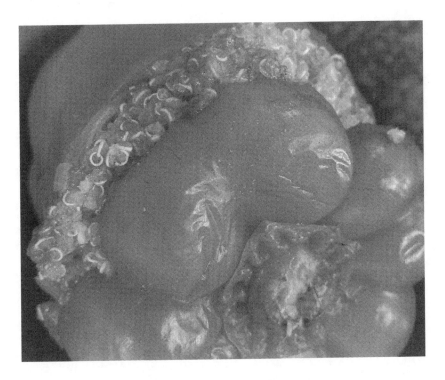

מנה אלגנטית, בריאה, ומספקת - נהדרת לאירועים מיוחדים!

מנות: 4

זמן הכנה: 30 דקות

זמן בישול: 1 שעה 30 דקות

*ניתן יכול להחליף את העגבניות בפלפלים, בצל או אפילו תפוחי אדמה!

מרכיבים

9 עגבניות בשלות
3 כפות שמן קוקוס
13 בצלים גדולים
1 כוס אורז (חום) עגול מחיטה מלאה
1/4 כוס רסק עגבניות
1 כוס פטרוזיליה
1 כוס עדשים אדומות
1/2 כפית פלפל שחור
1/2 כפית מלח ההימלאיה
3.5-4 כוסות מים

הוראות:

1. מסדרים עגבניות על קרש חיתוך. מורידים את הבסיסים מהעגבניות. גורפים את הזרעים והבשר מפנים העגבניות על מנת ליצור כוסות עגבניות.

2. קוצצים את הבשר מהעגבניות. קוצצים בצל.

3. מטגנים את הבצל בשמן קוקוס על אש נמוכה. מוסיפים את האורז והעדשים. מערבבים במשך 3 דקות. מוסיפים את בשר העגבניות קצוץ ורסק עגבניות. מביאים לרתיחה. מנמיכים את האש, מכסים ומבשלים על להבה נמוכה למשך 7 דקות. מסירים מאש. מוסיפים את המלח, הפלפל והפטרוזיליה.

4. מחממים תנור ל- 180 מעלות צלזיוס (360 פרנהייט)

5. ממלאים את העגבניות בעזרת כפית. מסדרים את העגבניות המלאות בתבנית אפייה עמוקה עשויה זכוכית עם כיסוי. יוצקים מים לקערה. מכסים את החלק העליון.
6. אופים במשך 60 דקות.
7. מסירים את החלק העליון ואופים עוד 30 דקות.
8. מוזגים את מיץ המחבת על הכל ממש לפני ההגשה.
9. מגישים את המנה עם סלט עלים ירוק.
10. לבריאות!

5. קוסקוס עם חומוס, ומרק ירקות

קוסקוס עם ירקות לבביים: עשיר
בסיבים, חלבון צמחי וויטמינים חיוניים

מנות: 4
זמן הכנה: 12 שעות
זמן בישול: 3 שעות

מרכיבים

1/2 כוס גרגירי חומוס
כ-190 גרם דלעת
1 קישוא
5 גזרים
1 שורש פטרוזיליה
1 שורש סלרי
5 מקלות סלרי
1/4 כרוב
1 כרישה
2 שיני שום
1 בצל
1/2 כוס פטרוזיליה קצוצה
1/2 כוס כוסברה קצוצה
2 כפיות קארי
2 כפיות כורכום
קורט מלח ההימלאיה
קמצוץ פלפל שחור
8 כוסות מים

לקוסקוס:

1/2 כוס קוסקוס מקמח מלא
1 כף שמן קוקוס
2 כוסות מים רותחים
1 כפית כורכום

הוראות:

למרק:

1. משרים את החומוס במים למשך הלילה. שוטפים את גרגרי החומוס ומכסים במגבת נייר על מנת לאפשר נביטה.
2. מניחים את החומוס בסיר ומכסים ב-8 כוסות מים. מביאים לרתיחה במשך 10 דקות ומנמיכים את האש. מבשלים למשך שעתיים.
3. שוטפים את הירקות וחותכים לקוביות.
4. מניחים את הירקות בתחתית סיר. מוסיפים תבלינים, וחומוס.
5. מביאים לרתיחה במשך דקה. מנמיכים את האש לרתיחה למשך שעה וחצי נוספות.
6. מוסיפים פטרוזיליה וכוסברה במהלך 10 הדקות האחרונות של הבישול.

לקוסקוס:

7. מניחים את כל החומרים בקערה במשך 5 דקות.
8. מפוררים את הקוסקוס בעזרת מזלג עד שאין גושים.
9. מניחים במסננת נירוסטה משובחת מעל המרק.
10. מאדים במשך 20 דקות.
11. מגישים את הקוסקוס בתחתית קערת הגשה, מכסים במרק.
12. לבריאות!

6. בסיס למרק טבעוני

עשיר בחומרים מזינים ובטעם, חובה לכל
מרק טבעוני או צמחוני!

מנות: 6-8
זמן הכנה: 15 דקות
זמן בישול: 45 דקות

מרכיבים

1 גזר גדול

1 בצל

3 גבעולי סלרי

2 כרישות

3 שיני שום

2 עלי פטרוזיליה ו-1 שורש פטרוזיליה

3 עלי דפנה

1 כפית זרעי שומר

1 כפית זרעי כוסברה

1 כף מיסו

2 כוסות של פטריות מסוגים שונים

הוראות:

1. מניחים את כל המרכיבים יחד בסיר גדול.
2. מכסים ומביאים לרתיחה.
3. מנמיכים את האש ומבשלים במשך 45 דקות או עד שכל הירקות רכים, תוך ערבוב מדי פעם.
4. מסננים את המרק בעזרת מסננת עדינה.
5. מקררים את המרק במשך שעה 1 בטמפרטורת החדר.
6. משתמשים במרק מייד או שומרים במקרר ומשתמשים בכל ימות השבוע למאכלים אחרים.
7. לבריאות!

7. מרק שעועית עשיר

מרק שעועית עשיר ומנחם עמוס בסיבים,
חלבון ומינרלים חיוניים כמו ברזל
ומגנזיום.

מנות: 6-8
זמן הכנה: 12 שעות
זמן בישול: 30 דקות

מרכיבים

1 בצל

2 כפות שמן קוקוס

2 כוסות מרק שורשים טבעוני (מתכון)

2 כוסות שעועית ספוגה *למשך לילה*

1/2 כוס רסק עגבניות

3 שיני שום

1/4 כוס פטרוזיליה

1 כף פלפל

1/2 כפית פלפל שחור

1/2 כפית מלח ההימלאיה

4 כוסות מים

הוראות:

1. משרים את השעועית במשך יום אחד, מרעננים את המים לאחר 12 שעות.

2. מוציאים את הבשר מתוך העגבניות. קוצצים בצל.

3. מחממים שמן קוקוס ומטגנים בצל על אש נמוכה בסיר גדול. מערבבים במשך 3 דקות. מוסיפים מרק שורשים טבעוני, שעועית, רסק עגבניות, שום, פלפל, מלח ופטרוזיליה. מוסיפים 2 כוסות מים.

4. מביאים לרתיחה. מנמיכים את האש ומבשלים במשך 20 דקות.

5. מגישים את המנה עם פיתה מחיטה מלאה.

6. לבריאות!

8. נזיד עדשים חומות

עשיר בסיבים המסייעים באיזון רמות הסוכר בדם.

מנות: 6-8
זמן הכנה: 20 דקות
זמן בישול: 1 שעה 30 דקות

מרכיבים

1 כוס עדשים חומות
2 כפות שעורה מלאה או אורז מלא (מתכון 50 #)
1/2 כוס פטריות אוזן עץ ספוגות
1 בצל
1/4 כוס פטרוזיליה קצוצה
1 כף פלפל
1/2 כפית פלפל אנגלי
1/2 כפית כמון
1/2 כפית מלח ההימלאיה
6 כוסות מים

הוראות:

1. משרים עדשים ופטריות במשך 15 דקות, ושוטפים.
2. מניחים בסיר עם 6 כוסות מים. מביאים לרתיחה.
3. מכסים ומבשלים במשך שעה ו-20 דקות.
4. מעבירים את המרק לבלנדר, מוסיפים כוס מים ומערבבים.
5. מחזירים את התערובת לסיר, מוסיפים תבלינים, מלח.
6. קוצצים בצל ומטגנים בשמן קוקוס. מוסיפים לתערובת העדשים. מביאים לרתיחה שנייה במשך 10 דקות.
7. מוסיפים פטרוזיליה לתבשיל.
8. מגישים את המנה עם שעורה או אורז מדגנים מלאים.
9. לבריאות!

9. תבשיל עדשים עם מנגולד

מרק מזין העשיר בחלבון, ויטמינים A, C,
ו- K, מגנזיום, אשלגן, וברזל.

מנות: 6-8
זמן הכנה: 15 דקות
זמן בישול: 1 שעה 10 דקות

מרכיבים

1 כוס עדשים ירוקות

1/2 קילוגרם (16 גר') עלי מנגולד או בוק צ'וי, קצוצים

3 תפוחי אדמה

2 שיני שום

1/2 כוס כוסברה קצוצה דק

1/4 כוס מיץ לימון סחוט

4 כוסות מים

2 בצלים קטנים

1 גבעול סלרי

1/4 כוס פטרוזיליה קצוצה

1 כף פלפל

1/2 כפית כמון

1/2 כפית מלח ההימלאיה

הוראות:

1. משרים עדשים במשך 20 דקות, ושוטפים.
2. מניחים בסיר עם מים. מביאים לרתיחה.
3. מכסים ומבשלים במשך 25 דקות.
4. מוסיפים עלים ירוקים (מנגולד או בוק צ'וי), סלרי ותפוחי אדמה חתוכים לקוביות. ממשיכים לבשל במשך 15 דקות.
5. קוצצים בצל ומטגנים עם שום וכמון בשמן קוקוס למשך דקה. מוסיפים לתערובת העדשים יחד עם מיץ לימון. מביאים לרתיחה שנייה ומבשלים עוד 10 דקות.
6. מגישים את המנה עם אורז בסמטי חום.
7. לבריאות!

10. ארוחת פול ים תיכונית

תבשיל מזין עם טעם מיוחד!

מנות: 6
זמן הכנה: 24 שעות
זמן בישול: 1 שעה 30 דקות

מרכיבים

1/2 1 כוסות פול מצרי
1/2 כוס מיץ לימון סחוט
3 שיני שום
1/2 כוס כוסברה קצוצה דק
3 כוסות מים
1/4 כוס פטרוזיליה קצוצה דק
1/2 כפית כמון

הוראות:

1. משרים את הפול מצרי במשך 24 שעות, מחליפים את המים לאחר 12 שעות.
2. מניחים את הפול הטרי במסננת, ומניחים את המסננת עם הפול בסיר עם מים. מביאים לרתיחה במשך דקה. מסירים את המסננת מהמים, ומניחים את השעועית בקערה עם קרח. זה יעזור להסיר את הקליפות הקשות. מקלפים עד כמה שניתן.
3. מניחים את הפולים הקלופים בסיר עם מים. מביאים לרתיחה ומנמיכים את האש. מבשלים במשך שעה וחצי. מניחים להתקרר.
4. מערבבים שום, מיץ לימון, כמון, פלפל קאיין, פטרוזיליה קצוצה וכף שולחן של שמן זית.
5. על אש נמוכה מועכים את הפולים המבושלים.
6. מגישים עם בצל טרי, עגבניות ופיתות מחיטה מלאה.
7. לבריאות!

11. חומוס תוצרת בית

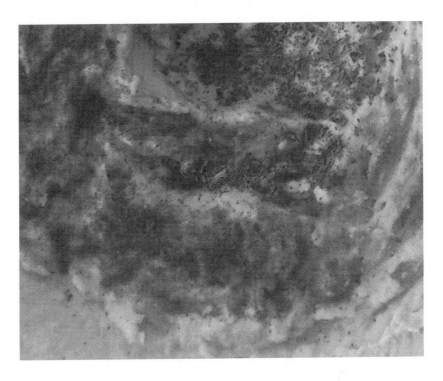

מנה בריאה, משביעה, טעימה ומזינה!

מנות: 6-8
זמן הכנה: 24 שעות
זמן בישול: 1 שעה 30 דקות

מרכיבים

1/2 1 כוסות גרגרי חומוס
1/2 כוס טחינה מלאה גולמית
1/2 כוס מיץ לימון סחוט
3 שיני שום
1/2 כוס כוסברה קצוצה דק
3 כוסות מים
1/4 כוס פטרוזיליה קצוצה דק
1/2 כפית כמון

הוראות:

1. משרים גרגירי חומוס במשך 24 שעות, מחליפים את המים לאחר 12 שעות.
2. מניחים את גרגירי החומוס בסיר עם מים. מביאים לרתיחה במשך דקה ומנמיכים את האש. מבשלים במשך שעה ו-30 דקות. מניחים להתקרר.
3. ברגע שהם רכים, מסננים את החומוס החם. מניחים 2 כפיות של גרגירי חומוס מבושלים בצד עבור קישוט הצלחת.
4. מערבבים את החומוס עם טחינה מלאה גולמית, מיץ לימון, שום ומלח בבלנדר עד קבלת מרקם רצוי.
5. מניחים בקערות אישיות ומקשטים עם פלפל אדום, פטרוזיליה וגרגרי חומוס.
6. מגישים עם בצל טרי ופיתה מחיטה מלאה. לבריאות!

12. מרק עדשים כתומות

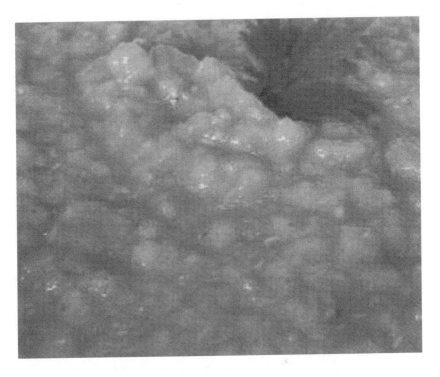

מנה פשוטה, מהירה, בריאה, משביעה, וטעימה!

מנות: 4
זמן הכנה: 2 דקות
זמן בישול: 20 דקות

מרכיבים

1/2 1 כוסות עדשים אדומות
3 עלי דפנה
1 כפית כורכום
1 כפית כמון
1/2 כפית פלפל קאיין
1/2 מיץ לימון סחוט
2 שיני שום
1/2 כוס כוסברה קצוצה דק
6 כוסות מרק שורשים טבעוני - (מתכון 6) - אפשר גם 2 כפות אבקת מרק טבעוני
1/4 כוס פטרוזיליה קצוצה דק
2 כפות שמן קוקוס או שמן זית (שמן הוא אופציונלי - ניתן להשתמש במים במקום)
2 כפות זרעי חרדל
מלח הימלאיה וקורטוב פלפל

הוראות:

1. שוטפים את העדשים במסננת תחת מים זורמים.
2. מניחים בסיר עם מרק שורשים טבעוני, כורכום, קאיין, כמון ועלי דפנה.
3. מביאים לרתיחה ולאחר מכן מנמיכים את החום ומאפשרים בישול עד שהעדשים רכות מאוד (25 דקות).
4. מסירים את עלי הדפנה.
5. מועכים את העדשים עם מצקת.

6. מטגנים את הבצל, השום וזרעי החרדל במשך 2 דקות בשמן קוקוס ומוסיפים למרק.
7. מבשלים במשך 5 דקות נוספות.
8. מוסיפים מלח, פלפל ולימון סחוט.
9. מגישים על אורז בסמטי חום או עם לחם מלא.
10. לבריאות!

13. רוטב עגבניות משגע

רוטב בריא, משביע, טעים ומזין!

מנות: 4
זמן הכנה: 20 דקות
זמן בישול: 2 שעות 20 דקות

מרכיבים

10 עגבניות קטנות

4 עליי תרד

1/2 כוס אפונה

2 גבעולי סלרי

1 בצל

2 גזרים

4 שיני שום

1/4 כוס רסק עגבניות

2 כפות שמן זית

1 כף שמן קוקוס

1/4 כוס בזיליקום טרי קצוץ

1/4 כוס יין אדום

1 עלה דפנה

מלח הימלאיה וקורטוב פלפל

הוראות:

1. מרתיחים סיר מים. מניחים עגבניות במים הרותחים עד שהעור מתחיל להתקלף. מקררים מתחת למים קרים ומסירים את הקליפות. ניתן גם להשתמש בעגבניות מרוסקות קנויות.

2. קוצצים 8 עגבניות ושומרים את הזרעים. מניחים את העגבניות בבלנדר ומערבבים. קוצצים את שתי העגבניות שנותרו ומניחים בצד.

3. קוצצים בצל וגזר. כותשים שום. מטגנים בסיר עם שמן את כל השלושה במשך 2 דקות.

4. יוצקים לתוך העגבניות המרוסקות. מערבבים עם עגבניות קצוצות, בזיליקום ויין. מניחים עלה דפנה וגבעולי סלרי שלמים בסיר. מביאים לרתיחה, מנמיכים את האש.

5. מבשלים במשך שעתיים.

6. מערבבים עם רסק העגבניות ומבשלים במשך שעה וחצי נוספות. מוסיפים תרד ואפונה. מבשלים על להבה נמוכה עוד 30 דקות. מוציאים את עלה הדפנה והסלרי.

7. מגישים עם פסטת דורום מחיטה מלאה.

8. לבריאות!

*ניתן להקפיא רוטב זה לשימוש בעת צורך.

14. מרק עדשים שחורות מונבטות

ארוחה מלאה, מזינה, ומאוזנת להפליא!

מנות: 4
זמן הכנה: 12 שעות
זמן בישול: 2 שעות

מרכיבים

2 כוסות שעועית שחורה

1 עגבנייה

1 כף שמן קוקוס

1 כף ג'ינג'ר טרי

6 שיני שום

3 כוסות מים

2 כפיות אבקת קארי

1 כפית כמון

1 כפית פלפל שחור

מספיק מים כדי לכסות את כל המרכיבים

הוראות:

1. משרים עדשים שחורות במשך 12 שעות. מסננים ושוטפים את השעועית.

2. עוטפים בנייר סופג ומניחים על צלחת בפינה חשוכה במשך 12 שעות (יש לשטוף כל כמה שעות)

3. טוחנים את העגבניות והג'ינג'ר, וכותשים את השום. מניחים אותם בסיר עם כמון, אבקת קארי, פלפל שחור ושמן. מטגנים במשך 2 דקות.

4. מוסיפים את העדשים ומים לסיר ומביאים לרתיחה במשך דקה.

5. מנמיכים את החום. מבשלים על להבה נמוכה במשך שעתיים.

6. למי שמעדיף מרק חלק, ניתן לערבב את המרק בעזרת בלנדר.
7. מגישים עם תערובת של אורז בר או אורז חום או עם פירה תפו"א.
8. לבריאות!

15. סלט ים תיכוני

תוספת מזינה לכל ארוחה!

מנות: 4
זמן הכנה: 15 דקות

מרכיבים

2 מלפפונים

3 עגבניות

1 פלפל אדום

4 צנוניות

1/5 כרוב סגול

2 כפות פטרוזיליה קצוצה

1 כף חומץ בלסמי טבעי או מיץ לימון סחוט

1 כפית מלח הימלאיה

1/4 כפית פלפל שחור גרוס

הוראות:

1. שוטפים ומייבשים את כל הירקות.

2. ייתכן ותרצו לקלף את המלפפונים.

3. מסירים את הזרעים והגזע של הפלפל.

4. חותכים לקוביות את כל הירקות או משתמשים בקוצץ סלט (חתכו כל ירק בנפרד).

5. מניחים הכל בקערה.

6. מוסיפים חומץ בלסמי טבעי מעל, או מיץ לימון סחוט

7. מוסיפים מלח ופלפל. מקפיצים את הסלט.

8. מגישים עם ממרח טחינה. ראו מתכון 16

9. לבריאות!

16. טחינה

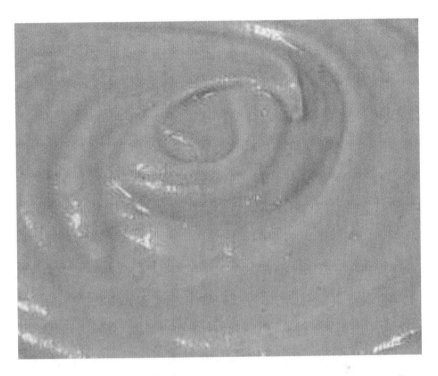

עוד תוספת מזינה לכל ארוחה!

מנות: 4-6
זמן הכנה: 15 דקות

מרכיבים

1/2 1 כוסות ממרח זרעי שומשום (טחינה מלאה גולמית)

1 כוס מים

1/2 כוס מיץ לימון טרי

2 שיני שום

1/2 כפית פפריקה

1 כפית פלפל שחור גרוס

1 ענף פטרוזיליה

1/2 כפית מלח ההימלאיה

הוראות:

1. יוצקים ממרח זרעי שומשום (טחינה מלאה גולמית) לקערה עמוקה ומוסיפים את המים לאט תוך ערבוב התערובת באופן עקבי עם מזלג.
2. מוסיפים מיץ לימון וממשיכים לערבב עד שהעיסה הופכת חלקה.
3. מוסיפים מלח, שום, פפריקה, ופלפל. ממשיכים לערבב.
4. מקשטים עם פפריקה ופטרוזיליה קצוצה.
5. מגישים כרוטב לסלט או כמטבל לירקות.
6. לבריאות!

17. שעועית מאש ותבשיל תרד

ארוחה טבעונית, צבעונית ולבבית!

מנות: 4-6
זמן הכנה: 12 שעות
זמן בישול: 1 שעה 15 דקות

מרכיבים

1/2 1 כוסות שעועית מאש
3 בצלים
2 כפות שמן קוקוס
2 כפות זנגביל טרי וטחון
1 כפית פפריקה
1 כפית פלפל שחור
5 שיני שום
14 גר' חלב קוקוס
1 כף רוטב סויה
2 כוסות עליי תרד קצוץ
1/2 כפית מלח הימלאיה

הוראות:

1. משרים שעועית המאש במים למשך 12 שעות. מסננים.
2. מניחים בסיר, מכסים במים ומביאה לרתיחה במשך 2 דקות.
3. מנמיכים את האש ומבשלים במשך שעה. מסננים ושוטפים.
4. בווק או במחבת גדולה, מטגנים בצל בשמן קוקוס עם מלח.
5. מוסיפים ג'ינג'ר, פפריקה, פלפל שחור, ושום. מבשלים על אש נמוכה במשך 2 דקות.
6. מוסיפים את חלב הקוקוס ומבשלים במשך 5 דקות נוספות.

7. מוסיפים את שעועית המאש לבצל ולתערובת התבלינים.
8. מוסיפים רוטב סויה ותרד ומבשלים במשך 10 דקות.
9. מגישים עם אורז אדום הודי מלא.
10. לבריאות!

18. ריזוטו אורז מלא עם אספרגוס

ארוחה מלאה, צבעונית ודשנה!

מנות: 4
זמן הכנה: 15 דקות
זמן בישול: 1 שעה 10 דקות

מרכיבים

1 כוס אורז ריזוטו חום עגול

1 בצל

1 כף שמן קוקוס

5 שיני שום

10 מקלות אספרגוס

1 כוס פטריות טריות או מיובשות

1 כפית תימין יבש

1/2 כוס יין לבן יבש

6 כוסות מרק שורשים טבעוני, (מתכון 6) - אפשר גם 2 כפות אבקת מרק טבעוני

2 כוסות עלי מנגולד

1 כף מיץ לימון סחוט טרי

1/2 כפית מלח הימלאיה

28 גרם שקדים פרוסים

הוראות:

1. קוצצים בצל, כותשים שום וחותכים את ראש האספרגוס.
2. מחממים סיר, מוסיפים את הבצל, השום, והאספרגוס לשמן קוקוס ומטגנים במשך 5 דקות.
3. מוסיפים פטריות, תימין, מלח, ויין לבן יבש ומבשלים במשך 5 דקות.
4. מוסיפים את האורז לתערובת ומבשלים במשך 3 דקות.
5. מוסיפים ציר ירקות 1/2 כוס כל 5-6 דקות, תוך ערבוב טוב.

6. לאחר הוספת הנוזלים, מוסיפים את מיץ הלימון והמנגולד השוויצרי ומערבבים במשך 5 דקות. מבשלים 50 דקות.
7. קולים על אש נמוכה שקדים פרוסים ומפזרים על גבי הריזוטו לפני ההגשה.
8. מגישים ונהנים!

19. כרובית וטופו בתנור

מנה בריאה וסופר טעימה!

מנות: 4-6
זמן הכנה: 20 דקות
זמן בישול: 50 דקות

מרכיבים

1 ראש כרובית מחולק לפרחים

300 גרם טופו

1 כף שמן זית או שמן קוקוס (שמן הוא אופציונלי - ניתן להשתמש במים במקום)

2 שיני שום

1 בצל, קצוץ

1 כפית ג'ינג'ר או אבקת ג'ינג'ר מגורד

½ כוס ממרח שומשום מלא

1 כף אבקת קארי טחונה

1 כפית כורכום

1 כפית כוסברה

1 כפית מלח הימלאיה

½ כפית פלפל שחור

1 כוס קרם קוקוס

1 כוס עגבניות קצוצות ברוטב (בצנצנת ללא סוכר)

הוראות

מחממים תנור ל-180 מעלות צלזיוס

מורחים פרחי כרובית, טופו ובצל קצוץ על מגש אפייה ומערבבים ידנית עם תבלינים ושמן זית או שמן קוקוס (שמן לא חובה - ניתן להשתמש במים במקום)

אופים 25 דקות בתנור תוך ערבוב פעם אחת באמצע

הוציאו את תבנית האפייה, ערבבו את קרם הקוקוס והעגבניות לתוך תערובת הכרובית והטופו

מכניסים לתנור ומבשלים עוד 10 דקות. מגישים על אורז בסמטי חום או אטריות דגנים מלאים. לבריאות!

20. תבשיל קינואה, עדשים ופריקי

מנה דשנה, משביעת טעם, עמוסה
בחלבון וסיבים צמחיים.

מנות: 4-6
זמן הכנה: 12 שעות
זמן בישול: 35 דקות

מרכיבים

1/2 כוס קינואה
1/2 כוס עדשים אדומות
1/2 כוס פריקי או חיטה מלאה
1 בצל
2 שיני שום
2 כפות שמן קוקוס
1/4 לימון גרוס
¼ כפית פפריקה חריפה
קורט מלח הימלאיה
מעט פלפל שחור

הוראות:

1. משרים את הפריקי או החיטה המלאה במשך הלילה. מסננים ושוטפים.
2. קוצצים בצל. בסיר מחממים שמן קוקוס, מוסיפים את הבצל הקצוץ ומטגנים במשך 3 דקות. מוסיפים שום ומטגנים במשך דקה נוספת.
3. מוסיפים את כל שאר החומרים לסיר. מערבבים.
4. מוסיפים 3 כוסות מים. מכסים ומביאים לרתיחה במשך 3 דקות.
5. מנמיכים את האש ומבשלים במשך 30 דקות תוך ערבוב מדי פעם.
6. מפזרים מעל מעט תיבול, פלפל ושום אם רוצים, ומגישים.
7. לבריאות!

21. אטריות כוסמת עם אפונת שלג ואספרגוס

טעימה טרייה, תוססת ובריאה ללב

מנות: 4
זמן הכנה: 15 דקות
זמן בישול: 25 דקות

מרכיבים

1 חבילת אטריות כוסמת (אודון)

1 בצל

226 גרם אפונת שלג

226 אספרגוס

113 גרם פטריות קצוצות

2 כפות שמן זרעי שומשום

3 שיני שום

6 כפות תמרי או רוטב סויה

1 כף ג'ינג'ר מגורד

קורט מלח הימלאיה

מעט פלפל שחור

1 כף שומשום

הוראות:

1. מבשלים אטריות לפי ההוראות על חבילה. יש לשטוף במים על מנת להסיר את הדביקות.
2. חותכים אספרגוס לחתיכות בגודל אפונת השלג.
3. מחממים שמן שומשום במחבת גדולה או בווק. מוסיפים את הבצל, אפונת השלג, אספרגוס, פטריות, וג'ינג'ר.
4. מטגנים ומערבבים 7-10 דקות.
5. מוסיפים רוטב סויה, שמן שומשום ואטריות.
6. מקפיצים ומבשלים 5 דקות נוספות.
7. מגישים ונהנים!

22. אטריות אורז חום עם נבטי שעועית ואדממה

מנה טובה מזינה, קלה ועמוסה בחלבון

מנות: 4
זמן הכנה: 10 דקות
זמן בישול: 25 דקות

מרכיבים

1 חבילה אטריות אורז מחיטה מלאה

226 גרם פטריות פרוסות

226 גרם בצל ירוק חתוך

142 גרם נבטי שעועית

142 גרם אדממה

28 גרם ג'ינג'ר טרי, טחון

2 שיני שום, טחונות

1/3 כוס מים

1/3 כוס רוטב סויה או תמרי

1/3 כוס חומץ יין אורז

קורט מלח הימלאיה

הוראות:

1. מבשלים אטריות לפי ההוראות על החבילה. יש לשטוף במים כדי להסיר את הדביקות.
2. מחממים שמן שומשום בווק או במחבת גדולה.
3. מוסיפים את הבצל, פטריות, נבטים, אדממה מקולף, ג'ינג'ר, שום ומלח.
4. מטגנים מערבבים במשך 7 דקות.
5. מערבבים במים, רוטב הסויה והחומץ. מביאים לרתיחה.
6. מוסיפים את האטריות.
7. מקפיצים ומבשלים 5 דקות נוספות. מגישים ונהנים!

23. מנת טופו וירקות אפויה

מנה לבבית, בריאה ועשירה בחלבון
צמחי

מנות: 4
זמן הכנה: 20 דקות
זמן בישול: 1 שעה 10 דקות

מרכיבים

570 גרם טופו אורגני קשה, סחוט ושטוף
3 כפות שמן קוקוס
1/2 כוס פטרוזיליה קצוצה
226 גרם מטבעות גזר
226 גרם פרחי ברוקולי
226 גרם אפונה ירוקה
4 שיני שום קצוצות
1/4 כוס סויה או רוטב תמרי
1 חבילה אטריות אורז מחיטה מלאה
קורט מלח הימלאיה
קמצוץ פלפל שחור

הוראות:

1. מחממים תנור ל 350 מעלות פרנהייט (180 מעלות צלזיוס)
2. בקערה, מפוררים טופו על מנת שייראה כמו גבינה מגורדת.
3. מוסיפים 2 כפות שמן קוקוס, מלח, פטרוזיליה ופלפל. מערבבים.
4. מניחים מחצית מתערובת הטופו בתבנית אפייה (33X23 סנטימטר)
5. בקערת ערבוב אחרת זורקים יחד את כל הירקות עם שום כתוש, רוטב סויה, כף שמן קוקוס, מלח ופלפל לפי הטעם.
6. מניחים את הירקות על הטופו בתבנית האפייה.

7. מפזרים את הטופו הנותר על גבי הירקות.
8. אופים במשך 35 דקות עד שהחלק העליון מתחיל להזהיב
והגזרים מתרככים.
9. מגישים ונהנים!

24. שעועית קנליני עם זיתים

עשיר בסיבים, ברזל ונוגדי חמצון בריאים
ללב!

מנות: 4
זמן הכנה: 20 דקות
זמן בישול: 50 דקות

מרכיבים

450 גרם שעועית קנליני טריה (אין צורך בשימוש בשימורים, שעועית טרייה קלה מאוד להכנה).

2 בצלים אדומים

2 כפות שמן קוקוס

4 שיני שום

1/2 כוס זיתים ירוקים או שחורים

רסק עגבניות

2 כפיות אורגנו יבש

1/2 כוס מים

קורט מלח הימלאיה

קמצוץ פלפל שחור

הוראות:

1. לא נדרשת השרייה. מניחים בסיר מים כדי לכסות את השעועית. מביאים את השעועית לרתיחה במשך 10 דקות.
2. מנמיכים ללהבה בינונית ומבשלים כ-20 עד 30 דקות או עד שהשעועית רכה. מסננים ושוטפים.
3. במחבת מטגנים בצל ושום.
4. מוסיפים את השעועית, זיתים, רסק עגבניות, מים, מלח ופלפל.
5. מביאים לרתיחה, מנמיכים את האש ומבשלים על להבה נמוכה במשך 20 דקות. מערבבים מדי פעם.
6. מגישים ונהנים!

25. סושי טבעוני עם אורז מלא

סושי מזין, עשיר בסיבים עם מינרלים
חיוניים

מנות: 4
זמן הכנה: 12 שעות
זמן בישול: 45 דקות

מרכיבים

2 כוסות אורז עגול מחיטה מלאה

4 דפי נורי לסושי

1 כף שמן שומשום

1 כפית זרעי שומשום שחור

1 כף חרדל

2 בצלים ירוקים חתוכים לרצועות

1 מלפפון חתוך למקלות

1 גזר חתוך למקלות

1 אבוקדו חתוך למקלות

1 קובץ נבטי זרעי חמניות

1 כוס טופו במרינדה של רוטב סויה, מאודה בתנור במשך 10 דקות

להגשה: וואסאבי, פרוסות ג'ינג'ר ורוטב סויה.

הוראות:

1. האורז: משרים את האורז למשך הלילה. מסננים ושוטפים.

2. מניחים את האורז בסיר, עם 5 כוסות מים.

3. מביאים לרתיחה במשך 5 דקות ומנמיכים את האש במשך 40 דקות, עד אשר כל המים נספגים.

4. מסירים מהאש. מוסיפים שמן שומשום ושומשום לאורז.

5. הסושי: על מחצלת גלגול סושי מניחים דף נורי עם הצד הגס כלפי מעלה

6. מניחים את האורז על דף הנורי באופן שווה.

7. מניחים את הירקות והנבטים על האורז.

8. מפזרים את זרעי החמניות על הירקות

9. מגלגלים את הסושי ומהדקים. מסירים את מחצלת הגלגול.

10. חותכים את הגליל ל-4 או 6 חתיכות

11. מגישים עם רוטב ווסאבי, פרוסות ג'ינג'ר ורוטב סויה.

12. לבריאות!

26. סלט חצילים

סלט חצילים מעושן, עשיר בויטמינים A ו-C!

מנות: 4-6
זמן הכנה: 12 שעות
זמן בישול: 45 דקות

מרכיבים

2 חצילים

1/4 כוס מיץ לימון

1 עגבנייה

1 פלפל

1/4 כוס פטרוזיליה

2 בצלים ירוקים

1 כפית אבקת שום

קורט מלח הימלאיה

קמצוץ פלפל שחור

3 כפות טחינה מלאה גולמית

הוראות:

1. מחממים את התנור ל 200 מעלות צלזיוס
2. שוטפים ומייבשים את החצילים. אין צורך לקלף.
3. מניחים על צלחת אפייה בתנור למשך 40 דקות, הופכים מדי פעם.
4. מוציאים מהתנור ומניחים את כל החציל תחת זרם מים קרים.
5. מוציאים את הבשר ויוצקים עליו מיד מיץ לימון סחוט טרי.
6. מועכים את הבשר של החציל במזלג.
7. מוסיפים בצל קצוץ, פלפל, בצל ירוק, שומשום ותבלינים. מערבבים.
8. מגישים עם פיתה מחיטה מלאה.
9. לבריאות!

27. שעועית עם ארטישוק

מנה עשירה בסיבים מלאה בנוגדי חמצון!

מנות: 4-6
זמן הכנה: 12 שעות
זמן בישול: 1 שעה 15 דקות

מרכיבים

1 כוס שעועית ירוקה (טרייה או קפואה)
2 1/2 כוסות מים
2 בצלים
2 כפות שמיר
2 כפות שמן קוקוס
2 כפות מיץ לימון
1 כוס אפונה קפואה
2 כוסות תחתיות ארטישוק קפואות (או לבבות ארטישוק סחוטים מצנצנת)
4 בצלים ירוקים, קצוצים
קורט מלח הימלאיה
קמצוץ פלפל שחור

הוראות:

1. משרים את השעועית במים למשך 12 שעות. מסננים ושוטפים.
2. מניחים השעועית בסיר ומכסים במים. מכסים את הסיר. מביאים לרתיחה במשך 2 דקות. יש לשטוף תחת מים קרים ולקלף השעועית.
3. מחזירים לסיר ומוסיפים 2.5 כוסות מים. מביאים לרתיחה.
4. מנמיכים את האש ומבשלים במשך 50 דקות, עד שהשעועית מתרככת.
5. פורסים בצלים לטבעות. קוצצים שמיר.

6. מחממים שמן במחבת גדולה. מוסיפים בצל. מטגנים במשך 5 דקות.

7. מוסיפים שעועית, מים ומיץ לימון למחבת. מכסים ומביאים לרתיחה במשך דקה.

8. מנמיכים את האש ומבשלים במשך 5 דקות.

9. מוסיפים אפונה קפואה, ארטישוק ותבלינים.

10. מערבבים. מבשלים (מכוסה) במשך 5 דקות עד שהאפונה רכה.

11. מסירים מהאש. מוסיפים בצל ירוק, מלח ופלפל.

12. מקשטים עם שמיר.

13. מגישים על פירה.

14. לבריאות!

28. שעועית לבנה עם קישואים

מנה קלילה ועמוסת חלבונים ומלאה
באשלגן!

מנות: 4-6
זמן הכנה: 12 שעות
זמן בישול: 55 דקות

מרכיבים

1 כוס שעועית לבנה (טרייה או קפואה)

3 כוסות מים

2 בצלים קטנים

1 כף שמן קוקוס

2 שיני שום, טחונות

4 עגבניות

1 כף מיץ לימון

1 1/2 כוסות מיץ עגבניות

2 כפות יין אדום

510 גרם קישואים

1 כף אורגנו טרי

קורט מלח הימלאיה

קמצוץ פלפל שחור

4 עלי רוקט

4 עגבניות שרי

הוראות:

1. משרים שעועית במים למשך הלילה. מסננים ושוטפים.
2. מחממים שמן במחבת. מוסיפים בצל ושום. מטגנים במשך
   5 דקות.
3. מוסיפים עגבניות, שעועית, מיץ עגבניות, מיץ לימון ויין.
4. מבשלים מכוסה במשך 40 דקות.

5. מוסיפים קישואים ומבשלים על להבה נמוכה עוד 10 דקות.

6. מערבבים עם אורגנו ופלפל.

7. מגישים על אורז חום.

8. מקשטים עם עלי רוקט ופרוסות עגבניות שרי

9. לבריאות!

.29 שעועית ירוקה עם תפוחי אדמה

מנה עשירה בסיבים ומלאה בנוגדי חמצון
רבים!

מנות: 4
זמן הכנה: 15 דקות
זמן בישול: 25 דקות

מרכיבים

500 גרם תפוחי אדמה
250 גרם שעועית ירוקה
3 עלי קייל
2 כפות שמן זית
2 פלפלים אדומים
1 שן שום
1/4 כוס כוסברה טרייה
1 כף חומץ יין אדום
1/2 כפית זרעי קימל
קורט מלח הימלאיה
קמצוץ פלפל שחור

הוראות:

1. חותכים תפוחי אדמה לרבעים.
2. מניחים את תפוחי האדמה במחבת גדולה. מכסים במים. מביאים לרתיחה במשך דקה.
3. מבשלים במשך 20 דקות. מסירים מהאש.
4. מניחים שעועית וקייל במים רותחים במשך 2 דקות. מסננים ומניחים בצד.
5. בקערה מערבבים יחד שמן זית, פלפלים חריפים, שום, כוסברה, חומץ יין אדום וזרעי קימל.
6. מניחים את כל החומרים בקערה ומערבבים יחד 5 דקות לפני ההגשה.
7. מקשטים עם פטרוזיליה. לבריאות!

30. שעועית שחורה ופסטה מדגן מלא

מנה עשירה בסיבים ועמוסה בברזל

מנות: 4
זמן הכנה: 15 דקות
זמן בישול: 2 שעות

מרכיבים

2 כוסות שעועית שחורה

283 גרם פסטה

2 כפות שמן קוקוס

1 בצל

1 בצל סגול

1/2 כוס תרד

6 עגבניות קצוצות

3 שיני שום כתושות

9 כוסות מים

2 עלי דפנה

1 כף פפריקה

1 כף כמון

1 כף כוסברה

קורט מלח הימלאיה

1 כף פלפל שחור

הוראות:

1. משרים את השעועית בלילה.
2. מסננים ושוטפים.
3. בסיר גדול מחממים שמן. מוסיפים בצל ושום. מטגנים למשך 5-10 דקות
4. מוסיפים מים, עלי דפנה, פפריקה, פלפל שחור, כמון, כוסברה, שעועית, תרד, עגבניות עם המיץ שלהן. מערבבים.

5. מביאים לרתיחה במשך דקה ומנמיכים את החום למשך 1.5-2 שעות, תוך ערבוב מדי פעם.
6. מוציאים את עלי הדפנה.
7. מבשלים את הפסטה לפי ההוראות שעל החבילה. מסננים ושוטפים.
8. מוסיפים את הפסטה למרק השעועית ומערבבים.
9. מקשטים עם פטרוזיליה ואבוקדו.
10. לבריאות!

31. קנליני, חצילים וראגו בטטה

מנה טעימה עמוסה בסיבים, וויטמינים A
ו-C!

מנות: 4
זמן הכנה: 20 דקות
זמן בישול: 2 שעות

מרכיבים

1 כוס שעועית קנליני

1 חציל

2 כפות שמן קוקוס

4 בטטות

2 בצלים

2 שיני שום כתושות

2 כפות ג'ינג'ר מגורד

1 כף כמון

1/4 כפית פלפל שחור

6 עגבניות

קורט מלח הימלאיה

1 בצל ירוק חתוך לקישוט

הוראות:

1. מחממים תנור ל-200 מעלות צלזיוס.

2. מניחים חציל בתבנית אפייה.

3. צולים את החציל בתנור במשך 30-40 דקות. מוציאים מהתנור ומניחים להתקרר. כאשר התקרר פותחים אותו וחותכים קוביות מהבשר.

4. מניחים שעועית בסיר ומכסים במים. מביאים את השעועית לרתיחה במשך 10 דקות. מנמיכים לחום בינוני

ומבשלים כ-20 עד 30 דקות או עד שהשעועית רכה. מסננים ושוטפים.

5. במחבת מחממים שמן ומטגנים בצל, שום, ג'ינג'ר ותפוחי אדמה במשך 5 דקות.

6. מערבבים עם כמון, מלח ופלפל.

7. מוסיפים את קוביות החציל ועגבניות והמיץ שלהם. מביאים לרתיחה במשך דקה.

8. מנמיכים את האש ומבשלים על להבה נמוכה 20 דקות.

9. מוסיפים את השעועית. מכסים ומבשלים במשך 10 דקות נוספות.

10. מקשטים עם בצל ירוק.

11. מגישים ונהנים!

32. תפוחי אדמה קלויים ביין לבן

מנה עשירה בויטמינים K ו-C,
ועמוסה בנוגדי חמצון!

מנות: 4
זמן הכנה: 10 דקות
זמן בישול: 50 דקות

מרכיבים

1 קילו תפוחי אדמה קטנים

1 בצל סגול

6 עלי קייל

2/3 כוס אפונה קפואה

1/4 כוס יין לבן יבש

1 כפות חומץ יין לבן

2 כפות חרדל דיז'ון

2 שיני שום

מעט מלח הימלאיה

1 בצל ירוק חתוך לקישוט

הוראות:

1. מחממים תנור ל-200 מעלות צלזיוס.
2. חותכים את הקייל, הבצל ותפוחי האדמה.
3. מערבבים את כל התבלינים, השום, החרדל, היין והחומץ בקערה. מוסיפים את תפוחי האדמה, הכרוב והבצל.
4. מניחים בתבנית אפייה עמוקה עם מכסה.
5. מניחים מכוסה בתנור במשך 30 דקות. מסירים את המכסה, מערבבים את תפוחי האדמה, מוסיפים אפונה וכרוב. אופים במשך 20 דקות נוספות.
6. מגישים ונהנים!

33. תפוחי אדמה עם אספרגוס מוקרם

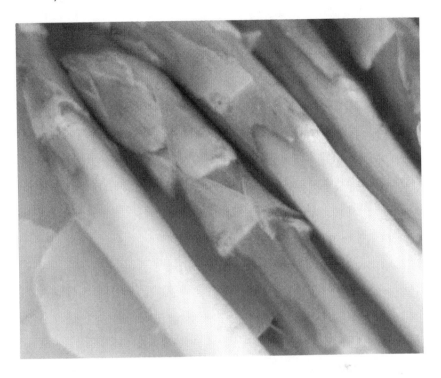

מנה עמוסה בוויטמינים A ו-C, בטעם קרמי ומפנק!

מנות: 4
זמן הכנה: 15 דקות
זמן בישול: 1 שעה 15 דקות

מרכיבים

1 קילוגרם תפוחי אדמה

350 גרם טופו

2 כפות שמן זרעי שומשום

1/2 כוס סויה או שמנת אורז

2 כפות אבקת מרק מיסו

1 כף אבקת שום

1 כף פפריקה

1/2 כפית כורכום

200 גרם מקלות אספרגוס

1 בצל סגול

קורט מלח הימלאיה

1 בצל ירוק חתוך לקישוט

הוראות:

1. מחממים תנור ל-180 מעלות צלזיוס.

2. חותכים ושוטפים תפוחי אדמה.

3. לבלנדר מוסיפים טופו, שמן, שמנת, מיסו, אבקת שום, פפריקה, בצל, כורכום, מלח ופלפל. מערבבים עד לקבלת תערובת חלקה.

4. בקערה, מערבבים את תפוחי האדמה והרוטב מהבלנדר. מניחים התערובת בצלחת אפייה עמוקה עם מכסה (20X20 סנטימטרים).

5. אופים מכוסה, במשך 45 דקות. מסירים את המכסה, מוסיפים אספרגוס ואופים במשך 30 דקות נוספות.

6. מוציאים מהתנור 10 דקות לפני ההגשה.
7. מגישים ונהנים!

34. פירה תפוח אדמה עם תרד, מוגש עם קלחי תירס

מנה עשירה בברזל וסיבים, המספקת תענוג מנחם ומזין!

מנות: 4
זמן הכנה: 15 דקות
זמן בישול: 60 דקות

מרכיבים

1 קילו תפוחי אדמה

4 קלחי תירס

½ קילו תרד טרי או קפוא

3 כפות חרדל

2 כפות שמן קוקוס

פלפל לפי הטעם

קורט מלח הימלאיה

הוראות:

1. חותכים את תפוחי האדמה (משאירים את הקליפה)

2. מרתיחים במים מומלחים עד שהם מתרככים (כ-40 דקות)

3. חותכים תרד לחתיכות קטנות ומניחים בסיר. (אם משתמשים בתרד קפוא, יש להכינו לפי ההוראות), מוסיפים קורטוב של מיץ לימון ומבשלים 7 דקות.

4. מנקים את התירס ומניחים בסיר. מכסים במים ומביאים לרתיחה במשך 5 דקות. מנמיכים את האש ומבשלים עוד 10 דקות. מסירים מהאש ומסננים את המים.

5. מסננים את תפוחי האדמה ומחזירים לסיר. מוסיפים תרד, שמן, מלח, פלפל וחרדל לתפוחי האדמה. מועכים הכל ביחד.

6. מגישים עם קלחי תירס. לבריאות!

35. ג'מבליה שעועית אדומה

מנה עמוסה בחלבון וסיבים, מציעה מנה
טעימה ודשנה לארוחה מזינה!

מנות: 4
זמן הכנה: 12 שעות
זמן בישול: 3 שעות

מרכיבים

2 כוסות שעועית אדומה

1 כוס אורז חום ארוך או חום בסמטי

1/2 כוס אורז בר

2 כפות שמן קוקוס

1 פלפל ירוק או כתום

2 בצלים

3 גבעולי סלרי

3 כוסות מרק שורשים טבעוני – (ראו מתכון 6) - אפשר גם 2 כפות אבקת מרק טבעוני

1/4 כוס רוטב סויה

1 כוס מים

פלפל לפי הטעם

קורט מלח הימלאיה

הוראות:

1. משרים שעועית אדומה במים למשך 12 שעות. מסננים ושוטפים.

2. משרים את שני סוגי האורז יחד למשך שעתיים. מסננים ושוטפים.

3. מניחים שעועית בסיר ומכסים במים. מכסים את הסיר. מביאים לרתיחה במשך 2 דקות. מנמיכים את האש ומבשלים במשך שעתיים עד שהשעועית רכה.

4. קוצצים פלפל, בצל וסלרי.

5. במחבת, מחממים שמן על אש בינונית. מוסיפים פלפל, בצל וסלרי. מכסים ומבשלים במשך 15 דקות.

6. מוסיפים רוטב סויה ואבקת מרק ירקות. מביאים לרתיחה במשך דקה ומנמיכים את החום, מבשלים במשך 20 דקות, מכוסה.

7. מוסיפים את האורז. מכסים ומביאים לרתיחה. מנמיכים את האש ומבשלים במשך 30 דקות.

8. מוסיפים שעועית, מערבבים במשך 5 דקות.

9. מגישים ונהנים!

36. פאייה אורז מלא

מנה טעימה, עשירה בסיבים, ברזל
וויטמינים מקבוצת B!

מנות: 4
זמן הכנה: 1 שעה
זמן בישול: 50 דקות

מרכיבים

2.5 כוסות אורז בסמטי חום

2 כרישות

4 גבעולי סלרי

4 שיני שום

1 פלפל אדום

1 עגבנייה

1/2 כוס טופו

10 פטריות שיטאקי

4 פטריות יער

2 כפות שמן קוקוס

2 כפות רוטב סויה

1/2 כפית אבקת קארי

2 כפות ג'ינג'ר

1/2 כפית אבקת צ'ילי

3 כוסות מרק שורשים טבעוני (מתכון 6) - אפשר גם 2 כפות אבקת מרק טבעוני

1 כוס כוסברה

פלפל ומלח לפי הטעם

הוראות:

1. חותכים לקוביות טופו ופטריות. מניחים בקערה. משרים ברוטב סויה, ג'ינג'ר, ואבקת קארי במשך שעה.
2. מניחים אורז בקערה. מכסים במים ומשרים במשך שעה. מסננים ושוטפים.

3. מחממים תנור ל-180 מעלות צלזיוס.
4. במחבת עם מכסה המתאימה לתנור, מחממים שמן ומטגנים בצל, כרישה ושום עד להזהבה.
5. מוסיפים את האורז, הירקות ותבלינים. מערבבים.
6. מוסיפים את המרק הטבעוני ומביאים לרתיחה. מנמיכים את האש ומבשלים על להבה נמוכה 10 דקות.
7. מסירים מהאש ומניחים בתנור, מכוסה, במשך 30 דקות.
8. מסירים המכסה, מערבבים, מוסיפים קוביות טופו ופטריות. אופים במשך 10 דקות נוספות.
9. מגישים ונהנים!

37. קינואה, סגנון מקסיקני

מנה טעימה, עמוסה בחלבון, סיבים
וברזל!

מנות: 4
זמן הכנה: 12 שעות
זמן בישול: 2 שעות

מרכיבים

2 כוסות קינואה בשלושה צבעים (או קינואה רגילה)

4 קלחי תירס

2 כוסות שעועית שחורה

6 עגבניות

2 כפות שמן זית

1 כף מיץ לימון

1/2 כפית כמון

1 כפית אבקת שום

1 כפית פתיתי צ'ילי

פלפל לפי הטעם

קורט מלח הימלאיה

1 בצל סגול חתוך לקוביות

1 בצל ירוק קצוץ

הוראות:

1. משרים שעועית אדומה במים למשך 12 שעות. מסננים ושוטפים.

2. מניחים השעועית בסיר ומכסים ב-5 כוסות מים. מכסים את הסיר. מביאים לרתיחה במשך 2 דקות. מנמיכים את האש ומבשלים במשך שעתיים עד שהשעועית רכה.

3. מנקים את התירס ומניחים בסיר. מכסים במים ומביאים לרתיחה במשך 5 דקות. מנמיכים את האש ומבשלים במשך 15 דקות נוספות. מסירים מהאש ומסננים את המים. חותכים את גרעיני התירס מהקלח בעזרת סכין חד ומניחים בצד.

4. בסיר מרתיחים 4 כוסות מים. מוסיפים קינואה ומביאים לרתיחה. מנמיכים את האש ומבשלים על להבה נמוכה 12 דקות.

5. מסירים מהאש ומערבבים את הקינואה עם מזלג. מניחים להתקרר.

6. מערבבים את כל החומרים מלבד הקינואה בסיר. כאשר הקינואה מתקררת מוסיפים אותה לסיר. מערבבים.

7. מקשטים עם בצל. מגישים ונהנים!

38. ספגטי מלא ברוטב טופו

מנה עשירה, עמוסה בסיבים, ויטמין A וליקופן!

מנות: 4
זמן הכנה: 15 דקות
זמן בישול: 1 שעה 10 דקות

מרכיבים

1 חבילה פסטת פנה, כוסמין מחיטה מלאה

1 כוס טופו, חתוך לקוביות

2 כפות שמן קוקוס

1 בצל

2 שיני שום

1 גבעול סלרי

1 גזר

10 עגבניות

6 עלי כרוב

2 עלי דפנה

פלפל לפי הטעם

קורט מלח הימלאיה

הוראות:

1. מכינים את הפנה על פי הוראות החבילה.
2. בסיר, מחממים שמן על אש בינונית. מוסיפים את הבצל והשום ומטגנים במשך 2 דקות.
3. מוסיפים את הסלרי, גזר, טופו, עלי כרוב, מלח ופלפל.
4. מטגנים במשך 5 דקות. מוסיפים עגבניות ועלי דפנה. מבשלים מכוסה על אש נמוכה במשך שעה   או עד שנהיה סמיך.
5. מסירים מהאש ומסירים את עלי הדפנה.
6. שמים את הרוטב בבלנדר. מערבבים עד לסמיכות הרצויה.

7. מניחים בחזרה במחבת. מוסיפים את הפסטה. מחממים
במשך 10 דקות או עד שהתבשיל מחומם ומעורבב כראוי.
8. מגישים ונהנים!

39. פנה עם רוטב קרם צנוברים

מנה אגוזית המציעה מגנזיום ושומנים בריאים!

מנות: 4
זמן הכנה: 20 דקות
זמן בישול: 20 דקות

מרכיבים

1 חבילת ספגטי כוסמין מחיטה מלאה

284 גרם עגבניות שרי חצויות

1/2 כוס צנוברים

1 כף שמן קוקוס

2 בצלים

6 שיני שום

2 כפות קמח שעועית

2 כוסות חלב שקדים (VitaRiz או חלב שקדים לא ממותק)

קורט מלח הימלאיה

הוראות:

1. מכינים את הספגטי לפי ההוראות. מסננים, מכסים ומניחים בצד.

2. מחממים תנור ל-200 מעלות צלזיוס.

3. בתבנית פיירקס קטנה מניחים את הצנוברים. צולים במשך 10 דקות. מסירים מהאש ומניחים בצד.

4. שמים את עגבניות השרי חצויות בתבנית אפייה נפרדת בתנור. צולים במשך 15 דקות. מסירים מהאש ומניחים בצד.

5. במחבת גדולה שמים שמן קוקוס, בצל ושום ומטגנים במשך 3-4 דקות. מוסיפים קמצוץ של מלח ופלפל שחור ומערבבים.

6. מוסיפים קמח ומערבבים ידנית. לאט מוסיפים את חלב השקדים קצת בכל פעם.

7. מוסיפים קורט מלח ופלפל שחור, מביאים לרתיחה ומבשלים במשך 5 דקות, עד שנהיה סמיך.

8. מעבירים את הרוטב לבלנדר ומערבבים עד שהתערובת חלקה.

9. מחזירים למחבת ומבשלים עד הסמכה.

10. מוסיפים פסטה, צנוברים ועגבניות קלויות ומערבבים. מסירים מהאש.

11. מגישים ונהנים!

40. ספגטי וכדורי "בשר"

מנה טעימה עמוסה בסיבים, ויטמין C
ואשלגן!

מנות: 4
זמן הכנה: 20 דקות
זמן בישול: 1 שעה 10 דקות

מרכיבים

1 חבילת ספגטי כוסמין מחיטה מלאה
2 כוסות עדשים
2 כפות שמן קוקוס
1 בצל סגול
1 קישוא
1 גזר
2 גבעולי סלרי
2 כפות פטרוזיליה קצוצה
2 כפות זרעי פשתן
1 קופסת עגבניות קצוצות אורגניות
5 שיני שום, פרוסות
קמצוץ פתיתי צ'ילי
1 גבעול בזיליקום טרי
קורט מלח הימלאיה
1 כף חומץ בלסמי ללא סוכר
1 כף רוטב סויה
1 כפית פפריקה
1 כפית אבקת שום
1 כוס פירורי לחם מחיטה מלאה או פירורים ללא גלוטן
1 כף פטרוזיליה טרייה קצוצה

הוראות:

1. מכינים ספגטי לפי ההוראות. מסננים, מכסים ומניחים בצד.
2. שוטפים את העדשים ומסננים.

140

3. בסיר מרתיחים 4 כוסות מים. מוסיפים את העדשים ומרתיחים שוב. מנמיכים את האש, מכסים ומבשלים על להבה נמוכה לכ-20 דקות. מניחים להתקרר.

4. מחממים במחבת כפית שמן. מוסיפים בצל ומטגנים במשך 4 דקות.

5. מוסיפים את הגזר, סלרי, שום, מלח ופלפל. מטגנים כ -5 דקות עד שהם רכים. מניחים להתקרר.

6. מחממים תנור ל-200 מעלות צלזיוס.

7. בינתיים מכינים את ג'ל זרעי הפשתן: מניחים את זרעי הפשתן בקערה. מכסים במים חמים בקערה. מערבבים ומשאירים במשך 10 דקות עד שהופך לג'ל.

8. מכינים את רוטב המרינדה: יוצקים עגבניות משומרות לקערה גדולה ומרסקים בידיים. מוסיפים כוס מים לפחית, משכשכים ומוסיפים לקערה. במחבת גדולה, מחממים כף שמן קוקוס. כאשר השמן חם, מוסיפים שום. מטגנים במשך דקה.

9. מוסיפים את תערובת העגבניות והמים, מוסיפים צ'ילי, בזיליקום ומלח. מערבבים ומבשלים בעת ההכנה של שאר המתכון.

10. מניחים את העדשים והירקות בבלנדר. מוסיפים פטרוזיליה, תבלינים ורטבים ומערבבים עד להחלקת התערובת.

11. לאט מוסיפים את ג'ל זרעי הפשתן לתערובת העדשים והירקות ומערבבים עד שהתערובת חלקה. מעבירים את התערובת לקערה גדולה.

12. לאט לאט, בידיים רטובות, מוסיפים פירורי לחם, רבע כוס בכל פעם, לתערובת העדשים ומערבבים עם היד.
13. מניחים את התערובת במקרר למשך כ -30 דקות.
14. לאחר 30 דקות, לוקחים את התערובת ועושים כדורים קטנים. מניחים את הכדורים בתבנית אפייה.
15. מפזרים על הכדורים מעט שמן. מניחים מכוסה בתנור במשך 20 דקות ולאחר מכן עוד 20 דקות ללא כיסוי.
16. מוציאים מהתנור.
17. כאשר הם משחימים, מעבירים את הכדורים למחבת עם רוטב המרינדה וטובלים במשך מספר דקות.
18. מגישים על ספגטי מחיטה מלאה, מקשטים עם פטרוזיליה קצוצה.
19. לבריאות!

41. בורגר דוחן

מנה אגוזית, עשירה בויטמין E, סיבים ומגנזיום!

מנות: 4
זמן הכנה: 10 דקות
זמן בישול: 30 דקות

מרכיבים

1 כוס דוחן

4 כוסות מים

2 כפות שמן קוקוס

2 בצלים

1 שן שום, קלופה וקצוצה

1 כוס גזרים חתוכים

1 כפית מלח הימלאיה

1 כפית שמיר

1/4 כוס פטרוזיליה

1/4 כוס זרעי חמניות

1/2 כוס אורז, מבושל (ראו מתכון 50)

1 כף חרדל

הוראות:

1. מחממים תנור ל 180 מעלות צלזיוס.
2. במחבת קולים את זרעי החמניות
3. שוטפים את הדוחן.
4. שמים את הדוחן בסיר עם 4 כוסות מים. מביאים לרתיחה במשך דקה. מנמיכים את האש ומבשלים עד שכל המים נספגים. מכסים ומניחים בצד.
5. במחבת, מטגנים בצלים ושום במשך 3 דקות.
6. מגררים גזרים ומוסיפים לבצל ולשום.
7. בקערה נפרדת, מערבבים מלח, שמיר, פטרוזיליה, זרעי חמניות קלויים, אורז מבושל

8. מוסיפים ירקות ודוחן לקערת ערבוב.
9. מניחים קציצות ומניחים על נייר אפייה בתנור במשך 20-30 דקות.
10. מגישים על לחמנייה מחיטה מלאה עם חרדל וקטשופ דל סוכר.
11. לבריאות!

42. בורגר ים תיכוני

מנה מזינה וטעימה, עשירה באומגה 3 וחלבון!

מנות: 4
זמן הכנה: 24 שעות
זמן בישול: 20 דקות

מרכיבים

1 כוס נבטי עדשים ירוקות

1 כוס שקדים

1 כוס אגוזי קשיו

1/2 כוס זרעי פשתן

1/4 כוסות שומשום

1 כוס פטרוזיליה

1 כף מיץ לימון

3 שיני שום כתושות

1 כפית כמון

1 כפית מלח הימלאיה

2 כפות שמן קוקוס

הוראות:

1. משרים עדשים במים למשך 8 שעות. שוטפים ומייבשים.
2. עוטפים את העדשים במגבת נייר לחה, מאפשרים לנבוט למשך 24 שעות.
3. משרים שקדים ואגוזי קשיו במים למשך הלילה.
4. מחממים תנור ל180 מעלות צלזיוס.
5. גורסים את זרעי הפשתן
6. מניחים את העדשים, קשיו, שקדים, זרעי פשתן, שומשום, פטרוזיליה, מיץ לימון, שום, כמון, מלח ושמן בבלנדר. מערבבים על להחלקת התערובת.
7. יוצרים קציצות בידיים רטובות.

8. מניחים בתבנית אפייה עם נייר אפייה בתנור במשך 20 דקות.

9. מגישים על לחמנייה מחיטה מלאה עם אבוקדו או טחינה (מתכון 16).

10. לבריאות!

43. במיה עם טופו

מנת במיה עדינה, עשירה בחלבון
וויטמינים A ו-C!

מנות: 4
זמן הכנה: 5 דקות
זמן בישול: 7 דקות

מרכיבים

2 כוסות במיה

1 בצל

1 כוס טופו

6 שיני שום

6 עגבניות

1 כפית פלפל שחור

1 כף כמון

1 כפית כורכום

1 כפית מלח הימלאיה

1 כף שמן קוקוס

הוראות:

1. שוטפים את הבמיה ומסירים הגבעולים. מייבשים בשמש.
2. קוצצים בצל, כותשים שום, חותכים טופו לקוביות וקוצצים עגבניות.
3. מחממים את השמן בווק או במחבת. מוסיפים את בצל, עגבניות, שום, תבלינים וטופו.
4. מטגנים ומערבבים במשך 5 דקות.
5. מוסיפים את הבמיה ומביאים לרתיחה במשך 2 דקות. מנמיכים את החום ומבשלים מכוסה חלקית במשך שעה.
6. מגישים על אורז חום (מתכון 50).
7. לבריאות!

מנת בונוס 1. קינואה ותירס

מנה אגוזית, עמוסה באומגה 3, חלבון וסיבים!

מנות: 4
זמן הכנה: 5 דקות
זמן בישול: 20 דקות

מרכיבים

1 כוס קינואה

2 כוסות מים

1 שן שום

2 כוסות תירס אורגני

2 בצלים קטנים קצוצים דק

1 כפית פלפל שחור

1 כף זרעי פשתן

1 כף זרעי צ'יה

1 כפית מלח הימלאיה

1 כף שמן זית או שמן קוקוס (שמן הוא אופציונלי - ניתן להשתמש במים במקום)

מיץ מחצי לימון

הוראות:

1. שמים קינואה ומים בסיר ומביאים לרתיחה. מכסים ומבשלים 20 דקות. לאחר מכן מעבירים לקערה גדולה ומניחים להתקרר

2. קוצצים בצל, טוחנים שום.

3. מחממים שמן במחבת. מוסיפים בצל, שום ותירס.

4. מטגנים תוך ערבוב במשך 3 דקות.

5. מוסיפים את תערובת התירס לקערת הקינואה.

6. מוסיפים לקינואה צ'יה וזרעי פשתן, לימון, מלח ופלפל

7. הגישו ותהנו!!

מנת בונוס 2. קרפ כוסמת ללא גלוטן

מנה קלה וטעימה ללא גלוטן עשירה
בסיבים ומגנזיום!

מנות: 4
זמן הכנה: 10 דקות
זמן בישול: 5 דקות

מרכיבים

300 גרם כוסמת
700 מ"ל מים
1 קורט מלח הימלאיה

הוראות

1. משרים את הכוסמת למשך הלילה או למינימום שעתיים. מסננים.
2. מכניסים את כל החומרים לבלנדר. מערבבים יחד במשך 50 שניות עד לקבלת תערובת חלקה.
3. מחממים מחבת במשך 7 דקות.
4. יוצקים את הבלילה למחבת קטן. מורחים את הבלילה בגב הכף לקבלת קרפ עגול ודק.
5. מבשלים 4 דקות על אש בינונית. הופכים. מוציאים כשמוכן על נייר סופג ומניחים להתקרר.
6. חזרו על השלב שלמעלה עד לסיום הבלילה.
7. מגישים עם אבוקדו, חומוס או טחינה או ממרח אחר לבחירתכם עם ירקות חתוכים.
8. הגישו ותהנו!!

ארוחות בוקר

44. פנקייק בריאות

פנקייק טעים מכוסמין ועדשים אווריריות, עמוסות חלבון וסיבים!

מנות: 4
זמן הכנה: 5 דקות
זמן בישול: 5 דקות

מרכיבים

1 כוס קמח כוסמין

1/2 כוס קמח עדשים

2 כפות נבט חיטה

2 כפות אבקת אפייה

1 קמצוץ מלח הימלאיה

1/2 כפית קינמון

1-1.5 כוסות חלב שקדים

1 כף שמן קוקוס

1/4 כוס צימוקים

הוראות:

1. שמים קמחים, נבטי חיטה, אבקת אפייה, מלח וקינמון בקערה. מערבבים יחד.

2. בקערה אחרת מערבבים חלב ושמן ביחד.

3. שופכים את המרכיבים הרטובים על אש נמוכה על המרכיבים היבשים. מוסיפים צימוקים.

4. מחממים מחבת מוברשת קלות בשמן קוקוס.

5. יוצקים הבלילה על המחבת. מורחים את הבלילה עם כף בצורה סיבובית על מנת ליצור פנקייק דק.

6. מבשלים עד בעבוע. הופכים. מסירים כאשר מוכן ומניחים על מגבת נייר להתקררות.

7. מברישים המחבת עם מעט שמן וחוזרים על הצעדים לעיל.

8. מגישים עם ריבה אורגנית ללא סוכר על פי בחירה. לבריאות!

45. שקשוקה טופו

מנה עשירה בחלבון וויטמינים A ו-C!

מנות: 4
זמן הכנה: 5 דקות
זמן בישול: 20 דקות

מרכיבים

450 גרם טופו

1 כף שמן קוקוס

1 שן שום

1 בצל

1 פלפל

4 כוסות עגבניות קצוצות

2 כפות רסק עגבניות

1 כפיתא בקת צ'ילי

1 כפית כמון

1 כפית פפריקה

1/2 כפית פלפל שחור

קמצוץ מלח הימלאיה

הוראות:

1. קוצצים בצל, פלפל, עגבניות, טופו לקוביות וכותשים שום. מחממים שמן במחבת. מוסיפים את הבצל הקצוץ, מטגנים במשך דקה. מוסיפים את השום וממשיכים לטגן במשך דקה.
2. מוסיפים את הפלפל, מטגנים במשך 5 דקות על אש בינונית.
3. מוסיפים את העגבניות, רסק העגבניות והטופו לתערובת. מערבבים. מנמיכים את האש לרתיחה.
4. מוסיפים תבלינים ומערבבים מספר דקות.
5. מוסיפים מלח ופלפל, פלפל קאיין אם רוצים (פיקנטי).

6. מכסים את הסיר. מאפשרים לתערובת להתבשל במשך
10-15 דקות.
7. מגישים עם פיתה קלויה מחיטה מלאה.
8. לבריאות!

46. מקושקשת טופו

מקושקשת טופו טעים עמוס
בויטמיני B!

מנות: 4
זמן הכנה: 5 דקות
זמן בישול: 10 דקות

מרכיבים

250 גרם טופו רך

1 כף שמן זית או שמן קוקוס (שמן הוא אופציונלי - ניתן להשתמש במים במקום)

1 שן שום או 1/4 כפית אבקת שום

1/2 בצל

2 כפות שמרים תזונתיים

1/4 כפית כורכום

1/4 כפית מלח הימלאיה

2 כפות חלב סויה, לא ממותק וללא טעם

הוראות:

1. מוסיפים כף שמן זית או שמן קוקוס (שמן לא חובה - אפשר להשתמש במים במקום) למחבת ומחממים אותה על אש בינונית.

2. מטגנים בצל ושום קצוצים

3. מפוררים את הטופו עם מזלג.

4. מבשלים אותו במים שלו, תוך ערבוב תכוף במשך 3-4 דקות

5. מוסיפים את השמרים התזונתיים, המלח, הכורכום ואבקת השום

6. מבשלים כ-5 דקות תוך ערבוב.

7. יוצקים פנימה את החלב הטבעוני ומערבבים.

8. הגישו ותהנו!

47. דייסה

דייסת שיבולת שועל ושעורה עשירה בסיבים ובברזל!

מנות: 4
זמן הכנה: 5 דקות
זמן בישול: 5-7 דקות

מרכיבים

1/2 כוס גריסי שיבולת שועל

1/2 כוס גריסי שעורה

2 כוסות חלב שקדים

הוראות:

1. שמים את כל הדגנים בבלנדר פולי קפה.
2. מערבבים עד לקבלת תערובת חלקה למחצה.
3. מוסיפים חלב שקדים.
4. מבשלים במחבת במשך 5 דקות או שמוסיפים מעט מים רותחים לגריסים.
5. הגישו ותהנו!

48. שיבולת שועל וזרעים

ארוחת בוקר משיבולת שועל וזרעים,
עמוסה באומגה 3 ואבץ!

מנות: 2
זמן הכנה: 5 דקות

מרכיבים

1 כוס שיבולת שועל

1 כף זרעי צ'יה

1 כף זרעי חמניות

1 כף זרעי דלעת

1 כף זרעי פשתן

2 כוסות חלב שקדים

הוראות:

1. מוסיפים את כל החומרים לקערה.
2. מגישים ונהנים!

49. שייק ירוק

שייק ירוק מרענן, עשיר בסיבים, נוגדי חמצון, ואומגה 3!

מנות: 2
זמן הכנה: 5 דקות

מרכיבים

1 אגס
1 תפוח ירוק
3 תמרים (ללא זרע)
2 גבעולי סלרי
2 עלי כרוב
3 עלי תרד
4 זרדי פטרוזיליה
5 שקדים
1 כפות כלורלה
1 כפות מיץ לימון סחוט טרי
1 כף זרעי פשתן
1 כוס קוביות קרח

הוראות:

1. שמים את כל המרכיבים בבלנדר.
2. מערבבים עד לקבלת תערובת חלקה. ייתכן שיהיה צורך להוסיף קצת מים כדי להפוך את המיץ לנוזלי יותר.
3. מגישים ונהנים!

50. "מילק" שייק

שייק קרמי, עמוס בסיבים, שומנים בריאים וסידן!

מנות: 2
זמן הכנה: 5 דקות

מרכיבים

1 תפוח אדום
1 בננה
3 כפות שיבולת שועל
3 כפות ממרח שומשום
1 כוס חלב שקדים
4 קוביות קרח

הוראות:

1. שמים את כל החומרים בבלנדר.
2. מערבבים עד לקבלת תערובת חלקה
3. מגישים ונהנים!

מנת בונוס 3. קרפ חומוס

קרפ טעים עשיר בחלבון, ויטמיני B
ונוגדי חמצון!

מנות: 4
זמן הכנה: 10 דקות
זמן בישול: 5 דקות

מרכיבים

1 כוס קמח חומוס
1 כוס מים
1/2 כפית אבקת אפייה
1/2 כפית אבקת שום
1/2 כפית אבקת בצל
1 קורט מלח הימלאיה
2 כפות שמרים תזונתיים
מפזרים כורכום

הוראות:

1. מכניסים את כל החומרים לבלנדר. מערבבים יחד במשך 50 שניות.
2. מחממים מחבת במשך 7 דקות.
3. יוצקים 1/3 בלילה על התבנית. מורחים את הבלילה בגב הכף לקבלת קרפ עגול ודק.
4. מבשלים 1-2 דקות על אש בינונית. לְהִתְהַפֵּך. מוציאים כשמוכן על נייר סופג ומניחים להתקרר.
5. מברישים את המחבת במעט שמן ועוברים על השלב שלמעלה עד לסיום הבלילה.
6. מגישים עם אבוקדו או טחינה או ממרח אחר לבחירתכם.
7. הגישו ותהנו!!

יסודות

51. אורז חום

טעם אגוזי, עמוס בסיבים, מגנזיום וויטמיני B!

מנות: 4
זמן הכנה: 2 שעות
זמן בישול: 45 דקות

מרכיבים

1 כוס אורז בסמטי חום או שעורה מחיטה מלאה
1 קמצוץ מלח הימלאיה (אופציונאלי)

הוראות:

1. ממלאים כוס של דגנים (שעורה או אורז). שוטפים ביסודיות ומכסים במים למשך שעתיים.
2. לאחר ההשריה, מסננים את המים.
3. שמים את האורז בסיר ומכסים בשלוש כוסות מים (על כל כוס אחת של אורז) ומלח.
4. מכסים ומביאים לרתיחה במשך 5 דקות. מנמיכים את האש עד שכל המים נספגים (כ -40 דקות). מסירים מהאש, משאירים מכוסה במשך 15 דקות.
5. לבריאות

52. אורז מלא עם עדשים שחורות

אדמתי ומשביע, עשיר בסיבים, ברזל
וחלבון

מנות: 4
זמן הכנה: 2 שעות
זמן בישול: 45 דקות

מרכיבים

1 כוס אורז בסמטי חום
1 קמצוץ מלח הימלאיה (אופציונאלי)
1 כוס עדשים שחורות

הוראות:

1. שוטפים עדשים.

2. ממלאים כוס באורז חום. שוטפים ביסודיות ומכסים במים למשך שעתיים (אפשר גם בלי השרייה, אבל זה מוסיף לטעם)

3. לאחר ההשריה, מסננים את המים.

4. מניחים אורז ועדשים בסיר ומכסים בארבע כוסות מים (על כל כוס אחת של אורז ועדשים) ומלח.

5. מכסים ומביאים לרתיחה במשך 5 דקות. מנמיכים את האש עד שכל המים נספגים (כ- 40 דקות). מסירים מהאש, משאירים מכוסה במשך 15 דקות.

6. לבריאות!

קינוחים

53. עוגת גזר טבעונית, הורפית ובריאה

תענוג חם ומתובל, עמוס בסיבים, אומגה 3 ובטא-קרוטן

זמן הכנה: 15 דקות
זמן אפייה: 50 דקות

מרכיבים

½ 3 כוסות גזר מגורד

½ 1 כוסות קמח מלא

½ 1 כפית אבקת אפייה

½ כפית סודה לשתייה

½ כפית מלח הימלאיה

2 כפיות קינמון

½ כפית אגוז מוסקט

3 כפות זרעי פשתן טרייה, טחונים ומעורבבים עם 9 כפות מים

½ כוס שמן קוקוס

½ 1 כפית של תמצית סטיביה נוזלית

1 כוס צימוקים

½ כוס אגוזי מלך קצוצים

הוראות:

1. מחממים תנור ל-180 מעלות צלזיוס.
2. על אש נמוכה מורחים מעט שמן קוקוס על מגש אפייה
3. בקערה קטנה, מערבבים זרעי פשתן טחונים עם 9 כפות מים.
4. בקערת ערבוב גדולה, מערבבים קמח, אבקת אפייה, סודה לשתייה, מלח, קינמון ואגוז מוסקט.

5. משתמשים במערבל חשמלי, מערבבים את התערובת ביחד עם שמן קוקוס וסטיביה, ולאחר דקה מוסיפים את תערובת הקמח.

6. מערבבים יחד עד לקבלת תערובת חלקה.

7. מערבבים גזר, צימוקים, אגוזי מלך בעזרת כף עץ אל תוך התערובת.

8. יוצקים את התערובת לתוך תבנית אפייה ואופים במשך 50 דקות, או עד שקיסם יוצא נקי אם ממרכז העוגה.

9. מוציאים את העוגה מהתנור ומניחים להתקרר במשך שעה.

10. מגישים ונהנים!

54. פאי תפוחים טבעוני

מנה מתוקה ופריכה עשירה באומגה 3
ונוגדי חמצון!

זמן הכנה: 15 דקות

מרכיבים - בסיס

1 כף זרעי פשתן טריים, טחונים ומעורבבים עם 3 כפות מים

3 כוסות אגוזי מלך

2 כפות שמן קוקוס

½ 1 כפית אבקת אפייה

5 תמרים, ללא זרע

1 כוס ריבה טבעית ללא סוכר

מרכיבים - מילוי

3 כוסות תפוחי גרנד סמית

3 כפות חמאת קוקוס

4 כפות סירופ מייפל

1 כף מיץ לימון

2 כפיות קינמון

הוראות:

1. טוחנים זרעי פשתן ומניחים אותם בקערה קטנה, מוסיפים 3 כפות מים.

2. טוחנים אגוזי מלך במעבד מזון, מוסיפים שמן קוקוס ותמרים וטוחנים שוב עד שהתערובת חלקה.

3. עם כפית, מערבבים לאט עם זרעי הפשתן

4. לוחצים את תערובת האגוזים, תמרים וזרעי פשתן על בסיס תבנית אפייה עגולה.

5. בצורה חלקה ושווה מוסיפים שכבת ריבה.

6. מקלפים תפוחים ופורסים בצורת חצי סהר דקה. מניחים בקערה.

7. מוסיפים סירופ מייפל, מיץ לימון וקינמון לקערה ומערבבים על אש נמוכה יחד כדי לשבור את התפוחים. מאפשרים לתערובת לעמוד עד התפוחים הופכים לרכים יותר (כ-5 דקות).

8. מסדרים את התפוחים על הריבה בצורת מניפה עד שכל העוגה מכוסה.

9. מניחים במקרר במשך 20 דקות לפני ההגשה.

10. מגישים ונהנים!

לחם

55. לחם מקמח כוסמין מלא, עם אגוזים וללא שמרים

אגוזי, בריא ועמוס בסיבים, מגנזיום ואומגה 3.

מנות: 4
זמן הכנה: 10 דקות
זמן אפייה: 50-60 דקות

מרכיבים

1 כוס אגוזי מלך

1 כף שמן קוקוס למגש אפייה

4 כוסות קמח כוסמין מלא

½ 1 כפית מלח ההימלאיה

2 כוסות מים חמים או חלב שקדים חם

1 כפית אבקת אפייה

¼ 1 כפית סודה לשתייה

2 כפות מולסה (סירופ)

1 כף זרעי חמניות

1 כף זרעי דלעת

1 כפית זרעי שומשום שחור

1 כפית זרעי צ'יה

הוראות:

1. מחממים תנור ל-180 מעלות צלזיוס.
2. מפזרים אגוזי מלך במגש אפייה של עוגה אנגלית (רצוי מגש עשוי פיירקס או נירוסטה) ומכניסים לתנור לצלייה במשך 7-10 דקות. מוציאים מהתנור ומאפשרים לאגוזי המלך להתקרר. קוצצים לחתיכות בגודל בינוני.
3. על אש נמוכה מפזרים שמן קוקוס על מגש אפייה
4. בקערה, מנפים את הקמח, מוסיפים אגוזי מלך קלויים קצוצים, מלח, סודה לשתייה ומערבבים.

5. לאט מוסיפים את המים ואת המולסה לתערובת היבשה ומערבבים בעזרת הידיים.
6. מניחים את התערובת בתבנית האפייה המשומנת.
7. בקערה קטנה מערבבים את כל הזרעים יחד ומפזרים באופן שווה על תערובת הבצק בתבנית האפייה.
8. מכניסים לתנור ואופים במשך 50-60 דקות.
9. מוציאים את הלחם ומניחים להתקרר.
10. בעת הקירור, מברישים את הלחם בשמן זית על מנת להפוך אותו לרך יותר.
11. ארוחת בוקר מצוינת עם ממרח שקדים.
12. לבריאות!

55. פסטה ארטישוק ירושלמי

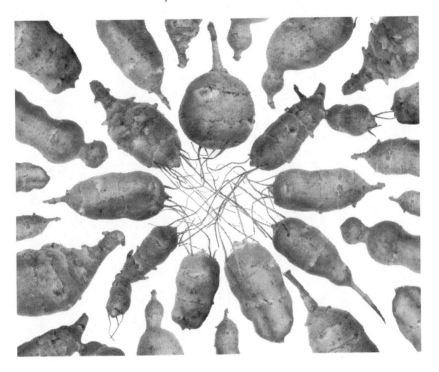

ארוחה מהירה, טעימה התומכת בחיידקי
מעיים בריאים, מאפשרת ירידה קלה
במשקל ובריאות מיטבית.

מנות: 4
זמן הכנה: 15 דקות
זמן בישול: 30 דקות

מרכיבים

2 כוסות פסטה מחיטה מלאה לבחירתכם.

2 בצלים

1 כף חמאת שקדים

2 כפות גרעיני אורן

3 שיני שום פרוסות

2 שיני שום קצוצות

2.2 קילו ארטישוק ירושלמי

1 כף שמן זית או שמן קוקוס (שמן הוא אופציונלי - ניתן להשתמש במים במקום)

1 כף כורכום

1 כפית שיפון טחון

1 קורט מלח הימלאיה (לא חובה)

1 קורט פלפל שחור

3 כפות פטרוזיליה קצוצה

הוראות

1. מכינים פסטה לפי הוראות האריזה. מסננים ושוטפים. שמים בצד.

2. צולים גרעיני אורן 2 דקות במחבת עד שהם צלויים קלות. שמים בצד

3. מקלפים, שוטפים ופורסים ארטישוק ירושלמי.

4. מניחים בסיר ומכסים במים. מוסיפים שום לסיר. מביאים לרתיחה במשך דקה.

5. מנמיכים את האש ומבשלים 20-30 דקות (עד לריכוך). מסננים מים. מוציאים מהסיר ומניחים בצד לצינון.
6. קוצצים בצל.
7. מחממים שמן בסיר. מוסיפים בצל ושום טחון. מטגנים 2 דקות. מוסיפים ארטישוק ומאדים במשך דקה. מוסיפים פסטה, פטרוזיליה, צנוברים ותבלינים לתערובת. מחממים 3 דקות.
8. לבריאות!

.9

56. מרק מיסו

מנת אומאמי, מזינה ומלאה בנוגדי חמצון,
יוד וויטמין C!

מנות: 4
זמן הכנה: 20 דקות
זמן בישול: 60 דקות

מרכיבים

1 שורש פטרוזיליה

1 שורש סלרי

1 גבעול סלרי

3 גזרים

1 בצל

12 כוסות מים

1/2 כוס אצות וואקמה

4 פטריות שיטאקי

3 שיני שום, פרוסות

1 חופן נבטי שעועית

1/2 כוס משחת מיסו חומה

1/2 כוס מים קרים

1/2 חבילת טופו יציב

הוראות:

1. משרים אצות ופטריות במים למשך 15 דקות. שוטפים, מסננים ומניחים בצד.
2. שוטפים וחותכים את כל הירקות.
3. מניחים את כל הירקות בסיר ומוסיפים את המים. מביאים לרתיחה במשך דקה.
4. מנמיכים את האש ומבשלים 30 דקות על אש בינונית.
5. מוסיפים שום, פטריות ואצות. מבשלים עוד 30 דקות ומסירים מהאש.

6. בקערה נפרדת מערבבים את משחת המיסו עם המים הקרים. מוסיפים לסיר.
7. מניחים כמה נבטי שעועית וקוביות טופו חתיכות בכל קערת הגשה. למעלה עם המרק.
8. לבריאות!

57. תבשיל צ'ולנט טבעוני בריא

בריא, לבבי ועמוס בסיבים, ברזל וחלבון מהצומח!

מנות: 6
זמן הכנה: 12 שעות
זמן בישול: 8 שעות

מרכיבים

2 כוסות שעועית לבנה (עם קצת שעועית אדומה אם תרצה)

1 1/2 כוסות שעורה דגנים מלאים (או אורז מלא)

2 כוסות עדשים שחורות קטנות

4 בצלים חתוכים ל-4

8 תפוחי אדמה קלופים וחתוכים לקוביות

מים או לעוד טעם השתמש בציר המרק הטבעוני שלי (מתכון כאן)

1 כף פפריקה

1 כף כורכום

3 תמרים או 2 כפות מולסה

קורט מלח הימלאיה

קורט פלפל שחור

הוראות:

1. משרים את השעועית הלבנה וזרעי השעורה במים למשך הלילה. שוטפים את השעועית והזרעים ומניחים אותם בסיר חסין תנור.

2. מוסיפים לסיר את העדשים, הבצל, תפוחי האדמה והתבלינים.

3. מחממים תנור ל-200 מעלות צלזיוס (100 מעלות צלזיוס)

4. מכסים את החומרים במים או בציר טבעוני. מביאים לרתיחה ומסירים מהאש. לערבב.

5. מסירים גרעינים מתמרים ומוסיפים תמרים שלמים לסיר.

6. מכסים את הסיר ומכניסים לתנור ל-6-8 שעות (כמה שיותר זמן, יותר טוב), מוודאים שיש מספיק נוזלים בסיר.
7. הגישו ותהנו!

58. פטריות ממולאות וקרם מקדמיה

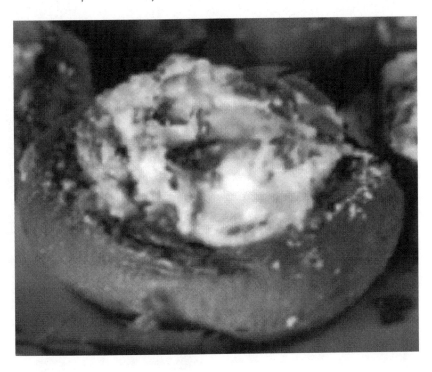

עשיר, קרמי ומלא בשומנים בריאים,
מגנזיום ונוגדי חמצון!

מנות: 4
זמן הכנה: 15 דקות
זמן בישול: 20 דקות

מרכיבים

12 פטריות יער גדולות מכל סוג

3 כוסות אגוזי מקדמיה

6 עגבניות מיובשות

1/2 כוס עלי תרד שטופים

4 שיני שום

2 כפות שמן זית

1 כפית מלח הימלאיה

1 קורט פלפל שחור

הוראות:

1. מחממים תנור ל-180 מעלות צלזיוס

2. נגבו על אש נמוכה את הפטריות בנייר מטבח

3. מסירים את רגל הפטריות מבסיס הפטרייה

4. מניחים אגוזי מקדמיה במעבד מזון וטוחנים. מוסיפים עגבניות, עלי תרד, שום, שמן זית, מלח ופלפל. טוחנים ומערבבים עד לקבלת מרקם חלק.

5. ממלאים פטריות בתערובת מקדמיה.

6. מניחים פטריות על תבנית אפייה ואופים 20 דקות בתנור.

7. הגישו ותהנו!

59. קציצות קינואה

קציצות פריכות ומלאות טעם עמוסות
בחלבון, סיבים וויטמין A!

מנות: 4
זמן הכנה: 10 דקות
זמן בישול: 40 דקות

מרכיבים

1/2 כוס קינואה
1/2 כוס עדשים צהובות או ירוקות
1 דלעת קטנה או דלעת
1 כף שמן זית או שמן קוקוס (שמן הוא אופציונלי - ניתן להשתמש במים במקום)
1 כף משחת שומשום
1 כפית כמון
1/2 כפית פפריקה
קורט מלח הימלאיה וקורט פלפל

הוראות:

1. מחממים תנור ל-180 מעלות צלזיוס
2. קוביות את הדלעת ומכניסים לתנור על תבנית אפייה. אופים במשך 20 דקות.
3. מבשלים את העדשים ב-2 כוסות מים רותחים במשך 10 דקות מכוסה. לאחר 10 דקות מוסיפים קינואה לסיר ומבשלים את העדשים והקינואה יחד עוד 10 דקות. מסירים מהאש ומשאירים לעמוד מכוסה.
4. כשהדלעת אפויה מוציאים מהתנור ומועכים בעזרת מזלג.
5. מוסיפים את הדלעת המעוכה לסיר הקינואה והעדשים יחד עם כל שאר המרכיבים.
6. מניחים לתערובת להתקרר מספיק כדי ליצור קציצות.
7. מניחים קציצות על נייר אפייה בתנור.
8. אופים 10 דקות והופכים. אופים עוד 10 דקות.
9. הגישו ותהנו!

60. מאפינס בננה טבעוניים

מאפינס לחים ומתובלים עשירים
בסיבים, אשלגן ונוגדי חמצון!

מנות: 4
זמן הכנה: 15 דקות
זמן בישול: 20 דקות

מרכיבים

3 בננות
1 1/2 כוסות קמח מלא
1/2 כוס שיבולת שועל
1/2 כוס צימוקים או כל פרי יבש אחר לבחירתכם חתוך לגודל הצימוקים
1 1/2 כפית אבקת אפייה
1/2 כפית סודה לשתייה
1/4 כוס שקדים טחונים
1 כפית קינמון טחון
1/4 כפית אגוז מוסקט
1/3 כוס סירופ מייפל/אגה או השתמשו ב-1/3 כפית תמצית סטיביה
1 כפית תמצית וניל טבעית
1/2 כוס חלב קוקוס
4 כפות שמן זית או שמן קוקוס (שמן הוא אופציונלי - ניתן להשתמש במים במקום)

הוראות:

1. מחממים תנור ל-180 מעלות צלזיוס
2. מרפדים תבנית מאפינס של 12 כוסות בבטנות נייר טבעיות (אם אכפת לך כוסות אפייה)
3. מניחים את הצימוקים בכוס ומכסים במים חמים. מניחים לעמוד כמה דקות כדי לשמנמן ואז מסננים את עודפי המים מהצימוקים.

4. קוצצים בננות לחתיכות קטנות.
5. בקערה מערבבים יחד את הקמח המלא, שיבולת השועל, אבקת האפייה, הסודה לשתייה, הקינמון, המוסקט וקמח השקדים הטחונים.
6. מוסיפים שמן, תמצית וניל, חלב קוקוס, סירופ מייפל או סטיביה וצימוקים. מערבבים יחד בעזרת כף עץ.
7. שפכו את התערובת לתוך כוסות מאפינס כך שיהיו מלאים בערך ב-2/3
8. מכניסים לתנור ואופים 20-25 דקות עד שהמאפינס משחימים וקיסם יוצא נקי כשמוחדרים לאמצע.
9. מוציאים מהתנור ומניחים להתקרר בתבנית לפני שמוציאים מהכוסות.
10. הגישו ותהנו!

61. מרק עגבניות

מרק עשיר וטעים עמוס בנוגדי חמצון,
ליקופן, סיבים וויטמין C!

מנות: 4
זמן הכנה: 10 דקות
זמן בישול: 40 דקות

מרכיבים

1 כף שמן זית או שמן קוקוס (שמן הוא אופציונלי - ניתן להשתמש במים במקום)
1 בצל
1 שומר
3 כפות אורז חום לא מבושל
1 ק"ג עגבניות
3 כוסות מים
1 כוס פטריות שיטאקי
3 כפות רסק עגבניות
3 כפות טרגון
1 כפית זרעי שומר
1/2 כפית סטיביה
קורט מלח הימלאיה
קורט פלפל
1/4 כוס יין אדום

הוראות:

1. מניחים את העגבניות בסיר ומכסים במים. מביאים לרתיחה ומסירים מהאש. מקלפים את העגבניות וחותכים אותן לקוביות.
2. בסיר מחממים שמן זית או שמן קוקוס (לא חובה - ניתן להשתמש במים במקום). מוסיפים בצל ושומר. מטגנים תוך ערבוב במשך 5-8 דקות. מוסיפים את האורז וממשיכים לטגן תוך ערבוב עוד 2 דקות.
3. מערבבים פנימה את העגבניות הקצוצות לסיר.

4. מוסיפים לסיר את המים עם פטריות השיטאקי השלמות. מוסיפים את רסק העגבניות, הטרגון, זרעי השומר, הסטיביה, מלח ההימלאיה והפלפל.
5. מביאים לרתיחה במשך 2 דקות. מנמיכים את האש ומכסים. מבשלים 25 דקות.
6. מוציאים את הפטריות מהסיר. מוסיפים יין ומבשלים עוד 5-8 דקות.
7. הגישו ותהנו!

62. עוגת שוקולד טבעונית בריאה ליום הולדת

דרך נהדרת לחגוג בצורה מיוחדת מבלי לפגוע בבריאותו של אף אחד.

מנות: 15

זמן הכנה: 15 דקות

זמן אפייה: 40 דקות

מרכיבים לעוגה

1/4 כוס אגוזי פקאן טבעיים

9 משמשים אורגניים מיובשים

9 תמרים אורגניים

3 כוסות קמח שיפון ארוחה מלאה

1/2 כוס אבקת קקאו אורגנית

1/2 כוס שמן זית או שמן קוקוס (שמן הוא אופציונלי - ניתן להשתמש במקום זאת בזרעי פשתן טחונים מעורבבים במים)

1 כפית אבקת אפייה

1/2 כפית סודה לשתייה

2 כוסות מים

1/2 כוס סירופ מייפל

2 כפות מיץ לימון סחוט טרי

קורט מלח

2 כפיות תמצית וניל טבעית

1/2 כוס חלב קוקוס

1/3 כפית תמצית סטיביה

100% חתיכות שוקולד

מרכיבים לציפוי

3 כוסות אבקת קקאו מלאה

2 כפות שמן זית או שמן קוקוס (שמן הוא אופציונלי - ניתן להשתמש במים במקום)

6 כפות סירופ מייפל

6 כפות חמאת בוטנים אורגנית

1 כפית תמצית וניל

1/4 כוס חלב שקדים ללא סוכר

1/3 כפית תמצית סטיביה

100% חתיכות שוקולד

הוראות:

1. מחממים תנור ל 180 מעלות צלזיוס

2. מניחים אגוזי פקאן בבלנדר ומערבבים עד שהם יוצרים עקביות חלקה הדומה לקמח. מניחים בקערת ערבוב גדולה.

3. מסירים חרצנים מהתמרים. קוצצים משמשים ותמרים לחתיכות קטנות ומכניסים לבלנדר. מערבבים עד שהפירות היבשים קצוצים דק. מוסיפים לקערת המערבל הגדולה.

4. מוסיפים לקערת המערבל את הקמח, הקקאו, אבקת האפייה, הסודה לשתייה ושמן הזית או שמן הקוקוס (שמן לא חובה - ניתן להשתמש במים מעורבבים עם זרעי פשתן טחונים במקום).

5. מוסיפים מים, מיץ לימון, סירופ מייפל, תמצית וניל, שוקולד צ'יפס וסטיביה. מערבבים עד לקבלת מרקם חלק. אתה יכול להשתמש במיקסר ידני בשביל זה.

6. מורחים קלות מעט שמן זית או שמן קוקוס (שמן הוא אופציונלי - ניתן להשתמש במים במקום זאת) בתוך תבנית העוגה הרצויה.

7. יוצקים את התערובת לתבנית האפייה ואופים במשך 40 דקות, או עד שקיסם ייצא נקי אם נתקע במרכז העוגה.

8. בינתיים מכינים את ציפוי העוגה: בקערת המיקסר מערבבים את כל מרכיבי הציפוי למעט חתיכות השוקולד יחד בעזרת המיקסר הידני ויוצרים תערובת אחידה. מוסיפים חתיכות שוקולד.

9. מוציאים את העוגה מהתנור לאחר 40 דקות ומורחים את תערובת הציפוי על העוגה.

10. כדי לשמור על בריאות העוגה אפשר לקשט אותה בתותים, פרחים ונרות מיוחדים. אתה יכול גם להוסיף תמונה אכילה מודפסת כדי להפוך את העוגה למיוחדת ולהסיר אותה לפני צריכת העוגה.

11. מניחים לעוגה להתקרר לפחות שעה לפני ההגשה, גם לילה זה בסדר.

12. הגישו ותהנו!

63. פיצה טבעונית מדגנים מלאים

דרך מצוינת להפוך מזון לא בריא לחלופה
בריאה. לבריאות!

מנות: 4
זמן הכנה: 25 דקות
זמן גיבוי: 40 דקות

מרכיבים לפיצה

1 כף שמרים יבשים
1 1/2 כוסות קמח מלא לבחירתכם
1/3 כוס קורנפלור
1/2 כוס מים חמים
קורט מלח הימלאיה
קורטוב של פלפל

מרכיבים לגבינה

1/4 כוס קשיו גולמי טבעי או אגוזי מקדמיה
1 כוס מים חמים
3 כפות טפיוקה
1 כף שמרים יבשים
1 כפית מיץ לימון סחוט טרי
1/2 כפית אבקת שום
קורט מלח הימלאיה
קורטוב של פלפל
מצרכים לציפוי פיצה
3/4 כוס רוטב עגבניות אורגני
1 בצל אדום קטן פרוס דק
פטריות 5 כפתורים פרוסות דק
1/4 כוס זיתים עם גרעינים
1 1/2 כפית סביבון אורגנו
1/4 כוס עלי בייבי בזיליקום

הוראות:

1. משרים אגוזי קשיו במים למשך הלילה. לְנַקֵז. (אפשר גם להרתיח עד שהם רכים)
2. בקערת ערבוב גדולה מניחים את השמרים היבשים, את הקמח המלא, הקורנפלור ומערבבים יחד עם כף. מוסיפים מים ותבלינים ומערבבים יחד עם הידיים
3. מברישים את הבצק בשמן זית ומשאירים בקערת המערבל. מכסים את הקערה במגבת ומניחים למנוחה של 20 דקות.
4. מחממים תנור ל-480 מעלות צלזיוס (250 מעלות צלזיוס)
5. בבלנדר טוחנים טפיוקה עד שנוצרת קמח. מוסיפים אגוזי קשיו, מים חמים, שמרים, מיץ לימון, אבקת שום, מלח ופלפל ומערבבים לתערובת אחידה.
6. יוצקים לסיר ומבשלים 10 דקות, תוך כדי ערבוב מוודאים שאין חתיכות אגוזים והמרקם חלק. ייתכן שתצטרך להשתמש בבלנדר ידני כדי להגיע לעקביות זו.
7. לאט לאט, תוך כדי הבישול, התערובת תהפוך לצ'יזית. מערבבים עוד 2 דקות עד להתייצבות.
8. מניחים גבינת אגוזים במקרר עד שמוכן בצק הפיצה.
9. קח בצק והכה אותו כך שכל האוויר ממרכזו יוסר.
10. מורחים את הבצק לצורה עגולה דקה עם שוליים מגולגלים. מברישים את הגבולות בשמן זית.
11. מורחים רוטב עגבניות על בצק דק, מכסים בגבינת אגוזים ומפזרים ירקות פרוסים דק על הפיצה באופן שווה.
12. אופים פיצה במקום הנמוך ביותר בתנור במשך 15-20 דקות
13. מכסים בתבלינים ועלי בזיליקום. הגישו ותהנו!

64. קראמבל תפוחים טבעוני בריא

קינוח כל כך נהדר וקל להכנה וגם בריא לאכילה. תהנו!

מנות: 15
זמן הכנה: 15 דקות
זמן בישול: 60 דקות

מרכיבים לעוגה

5 תפוחים קלופים ופרוסים לפרוסות דקות (אני ממליץ להשתמש ב-3 תפוחי מקינטוש עם 2 תפוחי גרני סמית')

1 1/2 כפית קינמון

2 כפות סירופ מייפל

1/2 כוס צימוקים

מיץ מלימון סחוט טרי

מרכיבים לקראמבל

1 כוס קמח כוסמין מלא

1/2 כוס חמאת קוקוס

6 כפות סירופ מייפל

1/3 כפית תמצית סטיביה

הוראות:

1. מחממים תנור ל-180 מעלות צלזיוס
2. בקערת מיקסר מערבבים יחד תפוחים, קינמון, צימוקים ומיץ לימון.
3. מעבירים את תערובת התפוחים לתבנית אפייה משומנת
4. מערבבים את חומרי הקראמבל יחד עם הידיים עד ליצירת קראמבל.
5. מורחים את הקראמבל על תערובת התפוחים.
6. מכניסים לתנור לשעה.

7. מגישים חם עם כדור גלידת בננה טבעונית שניתן להכין עם מרכיב אחד בלבד - בננות, קפואות ואז לערבב למרקם חלק!

8. לבריאות!

65. גליל אנרגיה טבעוני בריא

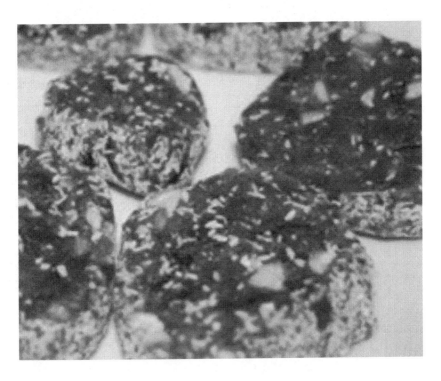

חטיף מזין נהדר לאסוף אותך במהירות.
נהדר עבור מבוגרים וילדים כאחד!

מנות: 6
זמן הכנה: 15 דקות

מרכיבים

3 כפות זרעי פשתן טריים

1 חבילה תמרים

1/2 כוס שמן זית או שמן קוקוס (שמן הוא אופציונלי - ניתן להשתמש במים במקום)

1/4 כוס סירופ מייפל

1/4 כוס גרעיני דלעת

1/4 כוס גרעיני חמנייה

1/4 כוס פיסטוקים קלופים וקצוצים

1/4 כוס אגוזי מלך קצוצים

1 כף מיץ לימון סחוט טרי

הוראות:

1. בקערה קטנה מערבבים זרעי פשתן טחונים עם 3 כפות מים ומניחים לעמוד.

2. חולטים את התמרים וקוצצים גס. מניחים בצד.

3. במחבת מערבבים שמן זית או שמן קוקוס (שמן לא חובה - אפשר להשתמש במים במקום) עם סירופ המייפל. מוסיפים את התמרים.

4. מבשלים עד שהתערובת הופכת לדייסה. מסירים מהאש.

5. מוסיפים את תערובת זרעי הפשתן למחבת ומערבבים במהירות.

6. מוסיפים למחבת את הגרעינים והאגוזי מלך הקצוצים, הפיסטוקים ומיץ הלימון. מערבבים יחד.

7. מוציאים מהתבנית לגיליון נייר אפייה. יוצרים רול בגודל של רול סושי, אפשר להשתמש בגלגלת סושי בשביל זה.

8. לאחר הגלגול, מפזרים מעט פתיתי קוקוס מעל ומכניסים למקרר ל-10 דקות.

9. כשהגליל קשה, פורסים אותו לחתיכות.

10. מגישים כחטיף אנרגיה, נהדר לילדים ולמבוגרים כאחד.

11. לבריאות!

66. תבשיל במיה וחומוס

במיה היא הפתרון הטוב ביותר לעצירות,
עשירה בסיבים, שנותנים תחושת שובע
ועמוסה בנוגדי חמצון!

מנות: 6
זמן הכנה: 35 דקות
זמן בישול: 50 דקות

מרכיבים

1 כוס חומוס
3 כוסות מים
1 כף שמן זית או שמן קוקוס (שמן הוא אופציונלי - ניתן להשתמש במים במקום)
5 בצלים קטנים
2 שיני שום
4 עגבניות בינוניות
1 כף מיץ לימון סחוט טרי
1 1/2 כוסות מיץ עגבניות
2 כוסות במיה (או קישואים)
1 כף אורגנו קצוץ
קורט מלח
קורט פלפל שחור

הוראות:

1. משרים את החומוס במים למשך הלילה, מסננים.
2. לשים את במיה ב-1/2 כוס חומץ ומניחים בצד למשך 30 דקות (כדי למנוע ממנו להיות ררי)
3. מחממים שמן זית או שמן קוקוס (שמן אופציונלי - ניתן להשתמש במים במקום) במחבת. מוסיפים בצל (שלם אם הוא קטן מספיק), ושום. מטגנים 5 דקות.
4. מקלפים וקוצצים עגבניות.
5. מוסיפים למחבת עגבניות, חומוס, מיץ לימון ומיץ עגבניות. מכסים ומבשלים 30 דקות.

6. שטפו היטב את האצבעות מחומץ.
7. מוסיפים את אצבעות הגברת למחבת ומבשלים עוד 20 דקות (אם משתמשים בקישוא, מבשלים 10 דקות)
8. מוסיפים אורגנו, מלח ופלפל.
9. מגישים עם אורז בסמטי חום דגנים מלאים.
10.הגישו ותהנו!

67. מרק כתום עם אמרנט

מצוין לחלבון ולסיבים ומינרלים: מנגן,
מגנזיום, ברזל, סידן וסלניום וויטמינים
מקבוצת B. המרק הוא כמו ארוחה
שלמה, גם משביע וגם מזין.

מנות: 8
זמן הכנה: 10 דקות
זמן בישול: 45 דקות

מרכיבים

2 כוסות דלעת

1 כפית שמן זית

1 בצל

3 שיני שום

1 כוס אמרנט

1/2 כוס עדשים אדומות

1 בטטה

1 גזר

1 כפית כורכום

8 כוסות מים

קורט מלח הימלאיה

קורט פלפל שחור

הוראות:

שמים את כל החומרים בסיר מרק.

מבשלים על אש בינונית 45 דקות ומסירים מהאש.

מוסיפים תבלינים

מניחים בבלנדר ומערבבים עד לקבלת מרקם חלק.

הגישו ותהנו!

68. ספרינג רולס מדפי אורז

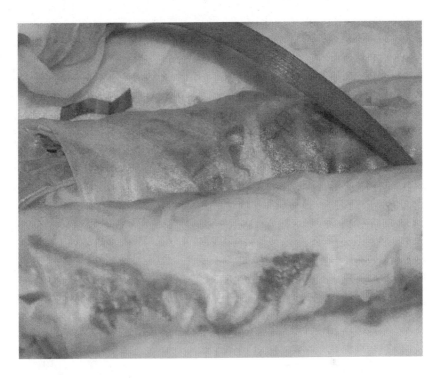

רולים קלים להכנה, מצויינים כמתאבן
לכל מנה מוקפצת.

מנות: 6
זמן הכנה: 10 דקות
זמן בישול: 25 דקות

מרכיבים

1 חבילה עגולים של דפי אורז חום

1 כוס טופו

1 כפית רוטב סויה

חבילה אחת אטריות שעועית (לא GMO)

1 חבילת נבטי שעועית

2 בצלים אביביים

1 גזר

1/2 אבוקדו

1 כפית שמן זית

הוראות:

1. מחממים תנור ל-180 מעלות צלזיוס
2. חותכים טופו וגזר למקלות דקים.
3. בקערה, מערבבים את הטופו עם רוטב הסויה ומכניסים לתנור בתבנית תנור. אופים 20 דקות בתנור שחומם מראש.
4. מניחים אטריות שעועית בקערה ומשרים במים רותחים למשך דקה.
5. מניחים את דפי האורז במים פושרים עד שהם צלולים ורכים (נסה לא להשרות יותר מדי)
6. מורחים את ניירות האורז המושרים על מגבת לייבוש.
7. להפקת הלחמניות: באמצע נייר האורז מניחים חופן אטריות שעועית, ומעליהן הטופו ולאחר מכן מקל גזר, פרוסת אבוקדו ומעט נבטי שעועית.

8. קפלו את שני צידי הגליל כדי לכסות את התוכן ולאחר מכן קפלו את החלק התחתון כלפי מעלה ואז את הצד העליון כלפי מטה. (ראה סרטון למטה)

9. מפזרים את הרולדה ברוטב סויה ומכניסים לתנור שחומם מראש ל-5 דקות.

10. מגישים לצד רוטב סויה.

11. לבריאות!

69. כדורי טופו אינדונזיים

כדורי טופו ברוטב חמאת בוטנים,
עשירים בחלבון ושומנים בריאים!

מנות: 6 — 24 כדורים
זמן הכנה: 10 דקות
זמן בישול: 25 דקות

חומרים לכדורים

1 1/2 כוסות טופו

2 שיני שום

1 כפית ג'ינג'ר טרי (מגורר)

1 כפית סטיביה

2 כפות רוטב סויה

4 כפות קמח מלא

2 כפות זרעי פשתן (טחונים)

1/2 כוס בצל אביבי (קצוץ)

2 כפות שמן זית או שמן קוקוס (שמן הוא אופציונלי - ניתן להשתמש במים במקום)

מלח הימלאיה

מרכיבים לרוטב בוטנים

3 שיני שום

1 כף ג'ינג'ר טרי (מגורר)

1/2 פלפל צ'ילי אדום חריף (לא חובה)

1 כף שמן זית או שמן קוקוס (שמן הוא אופציונלי - ניתן להשתמש במים במקום)

1 בצל (קצוץ)

1/2 כוס חמאת בוטנים

3/4 כוס חלב קוקוס

3 כפות רוטב סויה

1/2 כפית חומץ תפוחים

הוראות:

1. מחממים תנור ל-180 מעלות צלזיוס
2. טוחנים זרעי פשתן ומניחים ב-2 כפות מים. מניחים לעמוד למשך 5 דקות.
3. חותכים טופו לקוביות קטנות ומייבשים.
4. מניחים טופו, שום וג'ינג'ר בבלנדר. מערבבים בפולסים מספר פעמים עד שהטופו נמצא בחתיכות קטנות. מוסיפים סטיביה, רוטב סויה, קמח מלא ותערובת זרעי פשתן לבלנדר. מערבבים עד לקבלת עקביות חלקה. מעבירים לקערה.
5. מוסיפים בצל אביבי לקערה, מוסיפים שמן זית או שמן קוקוס (שמן לא חובה - אפשר להשתמש במים במקום) ומלח. לערבב.
6. יוצרים מהתערובת 24 כדורים ומניחים אותם על נייר אפייה על תבנית אפייה. מכניסים לתנור ל-10-15 דקות.
7. מגישים לצד רוטב בוטנים.
8. להכנת רוטב בוטנים שמים שום, ג'ינג'ר ופלפל חריף (לא חובה) בבלנדר.
9. מטגנים תוך ערבוב בצל בשמן זית או שמן קוקוס (שמן הוא אופציונלי - ניתן להשתמש במים במקום זאת) למשך 2 דקות. מוסיפים את תערובת השום ומטגנים עוד 2 דקות.
10. מוסיפים חלב קוקוס ואחריו חמאת בוטנים לתערובת לאט לאט כף אחרי כף. מערבבים עד לקבלת עקביות חלקה. מביאים לרתיחה. מוסיפים רוטב סויה. אם הסמיכות סמיכה מדי, מוסיפים מעט מים. מוסיפים חומץ ומסירים מהאש.

11.מניחים להתקרר לפני ההגשה.
12.לבריאות!

70. קישואים ממולאים ברוטב אגוזים

ארוחה מפנקת ומזינה! נהדר עבור כל אירוע מיוחד.

מנות: 4
זמן הכנה: 10 דקות
זמן בישול: 25 דקות

מצרכים לרוטב אגוזים

1/2 כוס אגוזי מלך, קלופים

4 שיני שום, כתושות

2 כפות פירורי לחם מחיטה מלאה

1 כפית מלח הימלאיה

1 כף שמן זית

מיץ מלימון 1

1/2 כוס מים או יותר

חומרים לקישואים ממולאים

4 קישואים בגודל גדול

2 כפות שמן זית או שמן קוקוס (שמן הוא אופציונלי - ניתן להשתמש במים במקום)

1 בצל קצוץ

2 שיני שום, מגורדות

1 כוס חיטה מלאה

2 פלפלים, קצוצים

1 כפית פלפל שחור

5 פטריות שיטאקי

קורטוב של מלח הימלאיה

הוראות:

1. להכנת הרוטב, הכניסו את כל מרכיבי הרוטב לבלנדר. הוסף מים לפי הצורך כדי ליצור עקביות חלקה. מניחים

לעמוד למשך שעה. מכינים בינתיים את הקישואים הממולאים.

2. מחממים תנור ל-180 מעלות צלזיוס

3. משרים קישואים לא קלופים במים רותחים למשך 4 דקות וחותכים לחצאים. מוציאים את תוכן הקישואים בעזרת כפית וחותכים לחתיכות קטנות ומשאירים את הקליפות למילוי.

4. מחממים 1 כף שמן במחבת ומטגנים בצל עד לשקיפות.

5. מוסיפים את החיטה, את הפלפלים הקצוצים, את תכולת הקישואים הקצוצים והקצוצים ואת הפלפל השחור. מבשלים 10 דקות תוך ערבוב מתמיד

6. ממלאים את התערובת בקליפות הקישואים ומניחים אותם על תבנית תנור. מכסים ואופים 25 דקות.

7. מגישים עם רוטב אגוזים

8. לבריאות!

בונוס 4: פאי תרד טבעוני בריא

פשטידה בריאה ללא ביצים. עשירה באשלגן. טעימה ושימוש נהדר בשאריות מזון.

מנות: 4
זמן הכנה: 40 דקות
זמן בישול ואפייה: 60 דקות

מרכיבים לבסיס פאי

1/2 כוס קמח מלא

1/2 כפית אבקת אפייה

קורט מלח הימלאיה

3 1/2 כפות חמאת קוקוס או שמן

1 כפית סטיביה

3 כפות מים

חומרים למילוי פאי

1 כף שמן זית או שמן קוקוס (שמן הוא אופציונלי - ניתן להשתמש במים במקום)

3/4 כוס בצל קצוץ

1 כף כוסברה

1 כפית כמון

3/4 כוס עדשים חומות

1 1/2 כוסות מים רותחים

1 1/2 כוסות עלי תרד קצוצים

1 כף מיץ לימון

קורט מלח הימלאיה

חומרים לציפוי פאי

1 כף שומשום טבעי

הוראות:

1. מערבבים בקערה את הקמח, אבקת האפייה וקורט המלח. מוסיפים את חמאת הקוקוס ומערבבים עם הידיים.

2. בכוס קטנה מערבבים את המים עם הסטיביה יחד ומערבבים. מוסיפים את הפתרון הזה לתערובת הקמח. מוסיפים עוד מים במידת הצורך כדי להפוך את הבצק לח.

3. נותנים לבצק לעמוד 30 דקות.

4. מחממים תנור ל 180 מעלות צלזיוס

5. מרדדים בצק לצורת תבנית טארט בגודל בינוני עם תחתית נשלפת. מהדקים את הבצק לבסיס הפאי. חתוך כל אורך עודף. דוקרים את כל התחתית במזלג ואופים עד שהקרום מזהיב ופריך, כ-35 דקות. מניחים להתקרר על רשת.

6. בעזרת מזלג דוקרים את הבצק. אופים בתנור במשך 5 דקות.

7. מחממים שמן במחבת ומטגנים תבלינים עם בצל עד לשקיפות.

8. מוסיפים את העדשים והמים הרותחים. מביאים שוב לרתיחה ומנמיכים את האש. מכסים ומבשלים 15 דקות.

9. שוטפים את עלי התרד וקוצצים. מניחים במחבת קטנה ומבשלים מכוסה ללא תוספת מים במשך 5 דקות.

10. מוסיפים תרד לתערובת העדשים עם מיץ לימון ותבלינים

11. יוצקים את התערובת לבסיס הפאי ומכסים את הפאי. מכניסים לתנור שחומם מראש ל-30 דקות אפייה

12. מפזרים שומשום ומגישים.

13. לבריאות!

בונוס 5: פאי ערמונים ופטריות

מתכון מזין ומהודר, מעולה לאירועים
מיוחדים.

מנות: 4-6
זמן הכנה: 40 דקות
זמן בישול ואפייה: 60 דקות

מרכיבים

1/2 כוס ערמונים

1 קייל

2 כפות שמן זית או שמן קוקוס (שמן הוא אופציונלי - ניתן להשתמש במים במקום)

1 שן שום, חתוכה לקוביות

1/2 כוס כרישה פרוסה

1/2 כוס פטריות, קצוצות

2 כפיות מיץ סחוט טרי מלימון

2 כפיות פפריקה, מתוקה

1 כפית כמון

1 כף זרעי פשתן, טחונים

2 כפות מים

קורט מלח ופלפל הימלאיה

הוראות:

1. משרים את הערמונים במים חמים למשך שעה ולאחר מכן מבשלים אותם במי השרייה במשך 40 דקות על אש בינונית עד שהם רכים.

2. הסר 8 עלים גדולים מהקייל והסירו את חלקי עמוד השדרה הקשים שלהם. חולטים את העלים במים רותחים למשך 2 דקות. קוצצים דק את יתרת הקייל.

3. מחממים תנור ל-180 מעלות צלזיוס

4. מחממים שמן זית או שמן קוקוס (שמן לא חובה - אפשר להשתמש במים במקום) על המחבת ומוסיפים את

הכרישה, השום והפטריות. מטגנים תוך ערבוב במשך 8 דקות עד לריכוך. מוסיפים את הערמונים, מיץ הלימון, הפפריקה, הכמון, המלח והפלפל.

5. בכוס ריקה מוסיפים זרעי פשתן טחונים עם מים ומערבבים. הניחו לתערובת לעמוד 2 דקות לפני שמוסיפים אותה למחבת.

6. לשמן ולאחר מכן לרפד תבנית אפייה ב-4 עלי קייל (לוודא שאין רווחים ריקים בין העלים). משטחים בתערובת ערמונים ומכסים בעלי הקייל שנותרו.

7. מכסים תבנית אפייה ואופים שעה.

8. מוציאים את הפאי מתבנית האפייה לפני ההגשה ומגישים עם רוטב עגבניות.

9. לבריאות!

בונוס 6: גבינת קשיו

אלטרנטיבה חלבית מצוינת שהיא גם
טעימה וגם מזינה.

מנות: 4-6
זמן הכנה: 40 דקות
זמן בישול ואפייה: 60 דקות

מרכיבים

1 כוס קשיו

1 שן שום

קורט מלח ופלפל הימלאיה

מיץ מלימון 1

2 כפות שמן זית כתית מעולה

1 כפית שמרי בירה

הוראות:

1. מכסים את אגוזי הקשיו במים ומשרים ל-6 שעות לפחות
2. מערבבים אגוזי קשיו למרקם חלק (מוסיפים 1/2 כוס מים במידת הצורך) ומוסיפים שום ותבלינים. אתה יכול גם להוסיף תבלינים שונים כדי ליצור טעמים שונים בהתאם לשימוש שאתה מתכנן לגבינה. לדוגמה, אתה יכול להוסיף בזיליקום למאכלים איטלקיים, זיתים, צ'ילי, או אפילו עגבניות מיובשות הם עוד כמה רעיונות.

עכשיו כשהגבינה מוכנה. כדי להפוך אותו למגוון גבינות שונות בצע את ההוראות הבאות:

3. להכנת פטה או גבינה קשה אחרת, פשוט מניחים את הגבינה בתבנית עגולה עמידה בתנור ואופים בתנור שחומם נמוך במשך 25 דקות
4. כדי להפוך גבינה רכה, הניחו לגבינה לסנן למשך הלילה והוסיפו לה מעט שמן זית אם אתם נהנים מהטעם. לבריאות!

בונוס 7: חלב שיבולת שועל

אלטרנטיבה חלבית זולה ובריאה שניתנת
להתאמה לפי טעמכם. לבריאות!

מנות: 4-6

זמן הכנה: 10 דקות

מרכיבים

1 כוס שיבולת שועל מגולגלת
3 כוסות מים מסוננים

רכיבים אופציונליים

2 כפיות תמצית וניל
או 2 כפיות נוזל סטיביה
או 1-2 כפות סילאן (דבש תמרים טהור)
2 כפות גוג'י ברי

הוראות:

1. יוצקים את כל החומרים והמרכיבים האופציונליים הנבחרים לבלנדר ומערבבים עד לקבלת תערובת חלקה מאוד.
2. מנפים את החלב דרך בד גבינה ישירות לתוך קנקן. סוחטים את החלב דרך הבד כמה שיותר עד שלא יוצא יותר חלב. השליכו את עיסת שיבולת השועל שנותרה.
3. מקררים ונהנים!

בונוס 8: קציצות קישואים, גזר ושומשום טבעוניים

מנה פריכה וטעימה, עמוסה בסיבים ונוגדי חמצון, תוך שימוש במעט שמן.

מנות: 6, 20 כדורים
זמן הכנה: 40 דקות
זמן בישול: 7 דקות

מרכיבים לקציצות

3 כוסות קישואים (מגוררים)

1/2 כפית מלח הימלאיה

2 כוסות גזר (מגורר)

1/2 כפית סירופ מייפל

2 כפות שמיר (קצוץ דק)

3 כפות זרעי פשתן (טחונים)

1/2 כוס בצל אביבי (קצוץ)

4 כפות קמח מלא

3 כפות שומשום

1/2 כפית כורכום

2 כפות שמן זית או שמן קוקוס (שמן הוא אופציונלי - ניתן להשתמש במים במקום)

קורט פלפל שחור

הוראות:

1. מניחים קישואים מגוררים במסננת (מסננת) מפזרים מלח על קישואים מגוררים ומניחים לנוזלים לצאת במשך 30 דקות

2. מערבבים סירופ מייפל על גזר מגורר ומניחים לעמוד במשך 30 דקות

3. סוחטים את הנוזלים העודפים מקישואים וגזר ומניחים בקערת ערבוב.

4. מוסיפים שמיר, בצל אביבי, קמח, פלפל, כורכום ושומשום. לְעַרְבֵּב

5. טוחנים זרעי פשתן ומניחים ב-2 כפות מים. מניחים לעמוד למשך 5 דקות. מוסיפים את התערובת לקערת המערבל.
6. מחממים 1 כף שמן זית או שמן קוקוס (שמן הוא אופציונלי - ניתן להשתמש במים במקום) במחבת על אש בינונית.
7. שולפים כף תערובת מקערת המערבל ויוצקים לשמן. מוסיפים כמה שיותר לכל סיבוב על המחבת. לכל סיבוב יש להשתמש לא יותר מ-1 כף שמן זית או שמן קוקוס (שמן הוא אופציונלי - ניתן להשתמש במים במקום).
8. הופכים את הקציצות כשהן משחימות מעט. מסירים מהאש ומניחים על נייר סופג כשהקציצות חומות מעט משני הצדדים.
9. לבריאות!

בונוס 9: מאפה אספרגוס ללא קרום

מנה קלה ומטובלת - עשירה בויטמינים K, C ושומנים בריאים!

מנות: 4

זמן הכנה: 15 דקות

זמן בישול: 45 דקות

מרכיבים

10 חניתות אספרגוס

2 כרישה

1/4 כוס שמן זית או שמן קוקוס (שמן הוא אופציונלי - ניתן להשתמש במים במקום)

10 זיתי קלמטה

10 עגבניות שרי

5 עלי בזיליקום

3 שיני שום (חתוכים לקוביות)

2 כוסות קרם מקדמיה (כמו במתכון מס' 58 - פטריות ממולאות בקרם מקדמיה - עמוד 195)

קורטוב של מלח הימלאיה

קורטוב של פלפל

שומשום מלא

הוראות:

1. מחממים תנור ל-180 מעלות צלזיוס

2. יוצקים מים רותחים על האספרגוס ומניחים לעמוד במים 2 דקות

3. חותכים חניתות אספרגוס לחתיכות של 4 ס"מ ומוסיפים לקערת המערבל.

4. פורסים כרישה לעיגולים דקים ומבשלים בשמן במשך 3 דקות ומוסיפים לקערת המערבל.

5. קוצצים זיתי קלמטה, עגבניות שרי ובזיליקום. מוסיפים לקערת המערבל.

6. מוסיפים שום מגורד לקערת המערבל.

7. מוסיפים קרם מקדמיה ושמן לקערת המיקסר עם מלח.
8. מערבבים את התערובת יחד ודלה לתוך כוסות קאפקייקס או לתוך תבנית פאי בגודל 10–26 ס"מ.
9. מפזרים שומשום ומכניסים לתנור ל-20 דקות. לאחר 20 דקות, מנמיכים את החום ל-280 מעלות צלזיוס (140 מעלות צלזיוס) ואופים עוד 20 דקות.
10. הגישו ותהנו!

בונוס 10: קציצות תרד וקישואים

מנה אגוזית מתובלת - עמוסה בסיבים, ברזל ושומנים בריאים!

מנות: 4

זמן הכנה: 10 דקות

זמן אפייה: 30 דקות

מרכיבים

2 קישואים

1 כוס עלי תרד

1 כף שמן זית או שמן קוקוס (שמן הוא אופציונלי - ניתן להשתמש במים במקום)

1 בצל

1/2 כוס קמח שקדים

2 כפות משחת שומשום

1/2 כוס קמח כוסמין מלא (או קמח כוסמת למתכון ללא גלוטן)

1/2 כפית כמון

קורטוב של מלח הימלאיה

קורטוב של פלפל

הוראות:

1. מחממים תנור ל-180 מעלות צלזיוס
2. מגררים את הקישואים בפומפייה ידנית (סוחטים את עודפי המים החוצה) ומניחים בקערת ערבוב.
3. משרים את עלי התרד במים חמים למשך 2 דקות ומסננים.
4. קוצצים דק בצל. מבשלים בשמן 3 דקות ומוסיפים לקערת המערבל.
5. מוסיפים את כל שאר החומרים לקערת המיקסר
6. בידיים רטובות יוצרים קציצות
7. מניחים קציצות על נייר אפייה

8. מכניסים לתנור ל-30 דקות.
9. הגישו ותהנו!

לסיום

אני מקווה שנהניתם מהמתכונים בספר הזה, חלקם קלים
להכנה מאחרים וחלקם גם יקרים יותר מאחרים.
אתם מוזמנים להשתמש ביצירתיות שלכם במתכונים ולשנות
חלק שאתם לא אוהבים למאכלים בריאים שאתם כן אוהבים
ועומדים בתקציב שלכם.

אם אתם מעוניינים ללמוד יותר על התזונה האידיאלית לבני
אדם, בדקו את רב המכר הבינלאומי שלי "התזונה
האידיאלית לבני אדם" כאן:
https://amzn.to/3C4vQqV

אם ברצונכם לרדת במשקל, אתם מוזמנים להצטרף לתוכנית
דיאטת גרילה לתזונה נכונה ואורח חיים בריא הכוללת
אימונים קצרים וקלים, שינוי תודעה, המלצות לתוספי מזון
שעוזרים לירידה במשקל ותמיכה לאורך כל הדרך.
בדקו את זה כאן:
https://drgalitclinic.com/12-weeks/

זכרו שאתם מדהימים!
באהבה רבה,
ד"ר גלית גולדפרב

14088875R00164

Made in the USA
Las Vegas, NV
13 December 2024